恩送《おんおく》り

私たちの使命

S・Yワークス代表
佐藤芳直

径書房

恩送《おんく》り。それは、「今」を良くして「未来」に手渡すこと。

恩送り——私たちの使命◎目次

序文Prologue　恩送りの国

Ⅰ部　私たちの本性

Ⅱ部　人間とは

跋文Epilogue　恩送りという生き方

恩送りの国

序文 *Prologue*

ある名家の評判と悩み

とある山里に集落があります。

そこには200軒ほどの屋敷があり、時にはいがみ合ったり、時には仲良くなったり、複雑な関係性が織り成されています。

そのなかでも、いちばん東の端に位置する「日の出家」は、田畑は小さいものの、広大な山林を所有しています。集落200軒のなかで最も古い親族の歴史を持ち、寡黙な一族として知られています。数十年もの間、最も裕福であり、資産家としてもいちばんの存在です。

日の出家は代々優秀な一族で、とくにこの20年、集落内で最も技術的な貢献をしているため、感謝されています。また、料理の腕前も代々抜群なうえにもてなし上手としても評判のため、山里中の人々が日の出家を訪れ、ご馳走を受けるなど、集落のなかでいちばんの人気ものでもあります。

さらに運動も万能で、毎年山里いちばんと言われる運動選手を排出しています。芸術家も数多く、何世代にもわたって山里の芸術祭を支えてもいます。

そのうえ手先の器用さも集落内随一です。それは日の出家の伝統でもあり、代々集落の家々に便利で美しい品々を届け、大いに喜ばれてきました。しかし、最近は新しく越してきた若い家族がその代わりを務めるようになっています。

そんな恵まれた日の出家ですが、新たな心配事もあるようです。

なかなか赤子が生まれず、一族を見回すと高齢者の方が目につくようになりました。そのせいか田畑の収穫も減り、長い間山里で一、二の収穫を誇っていたのに、200軒中4番目になってしまったと、暗い顔で話す日の出家の大人が増えています。なかには、日の出家は没落する家だと、若者たちに訳知り顔で語る老人もいます。そのことが影響しているのかは定かではありませんが、最近の日の出家の若者は、大人しくて元気がないなどと言われています。

いっぽう、ほかの山里の家々はというと、いろいろあってもいちばん憧れる家はやっぱり日の出家だよな、と。資産も豊富だし、仕事や料理も一流、しかしなにより家屋敷や山林の美しさといったら……などと、賞賛の声がほとんどです。

しかし、そんななかごく一部の家からは、若者の元気がないうちに縁組でもしてそっくり頂いてしまおうかといった悪巧みや、いやいっそのこと押し入って……などと、物騒な話も洩れ伝わってきます。なにしろ日の出家の人たちは良い人たちばかりで、戸締り一つしないというのですから――。

さて、この日の出家。もちろん日本です。

世界のなかの日本

2024年2月、各新聞一面に〝日本GDP4位に転落〟との文字が並びました。私事ですが、1年前の2023年2月にはそれを予見し、多くの経営者に伝えていたことです。

ご存知の通り歯止めの効かない円安。そしてドイツはインフレに悩んでいます。その二つを勘案すれば、ある程度は予見できた内容なのです。

ちなみに、日本の2023年度実質GDP成長率は1・9%のプラス、ドイツは0・

3％のマイナスでした。円安が数値に影響した一因であることは確かでしょう。その記事が日本人を少し暗くさせた3か月ほど前のことです。

世界最大規模の調査会社であるアンホルト・イプソス社が、15年以上にわたって発表している年次調査、「アンホルトイプソス国家ブランド指数」で日本が世界第1位になりました。

この調査は、輸出、文化、観光、移住と投資、人材等々、多面的且つ客観的に国家のブランド力を測定し、総合評価としての順位を出すものです。日本は2019年に5位、2020年に4位、2021年に3位、2022年に2位と、毎年ひとつずつ順位を上げ、欧米の国々以外で初めて首位に立ったのです。これまでは米国、ドイツが首位を独占していました。

もちろん、ひとつの指標というものに一喜一憂することもありません。しかし、注目すべき事実ではあります。

・対外純資産32年間世界第1位
・ノーベル省受賞者数、21世紀世界第3位
・ミシュラン獲得星数、断突の世界第1位（東京）

・コロナ後行きたい国ランキング第1～2位
・平均寿命女性世界第1位、男性第2位
そして、「国家ブランド指数」世界第1位。

どんな評価も一面的なものではあります。しかし一面的評価とはいえ、項目を多面的化すればひとつの普遍に至るとも考えられます。

つまり日本は、「評価されている国」なのです。

しかも文化、科学技術、資産、健康、ブランドと多面的に。

確かにGDPは4位に〝転落〟しました。インド、インドネシアに抜かれる日もくるでしょう。しかし、アメリカに次いでGDPが2位だった時代（1968年～2010年）、マスコミを始め多くの知識人と言われる人々はこう言っていました。

「経済指標だけが国の豊かさなのか？」

その通りなのです。経済成長率だけが国の豊かさなのではありません。多面的に見るべきです。何より大切な指標を私たち日本人は知っているはずです。

愛されているか？

信頼されているか？

自らに誇りはあるのか？

そんな視座です。

「情」を失えば国家も滅びる

時代々々のなかで繁栄する国家は移り替わってきました。

ローマ時代のローマによる平和、パックス・ロマーナと称えられたのは、紀元前20年前後から200年間。中世はスペイン、オランダからイギリスへと繁栄は移り、この100年はアメリカの時代でした。

なぜ世界の中心点は時代と共に動くのか？

それは「愛・信・誇」、この3要素の盛衰によるのだと考えています。

覇権という言葉を聞いたことがあるでしょうか？

政治的、経済的、軍事的に突出した国々が他国を支配する構図を指します。今のこの時代も政治、経済、軍事で他国を支配する立場に立とうとする国々があります。

その考え方を覇権主義と言います。

しかし、覇権主義で世界の中心に立とうとする国は、不思議と衰亡するのです。そのプロセスの中で傲慢になり、他国への敬意を失い、それを力で押し切ろうとするからです。そうなれば他国からの愛も、信も、自国民の誇りも失っていく。それは歴史の法則でもあります。

動物は生存本能を隠すことなく生きています。

私はもう35年以上、アラスカに1週間テントを張り、グリズリーの研究をしています。実は世界最大のグリズリーであるコディアックベアーとの接点を描いた写文集は私の著作のなか、唯一「図書協会選定図書」に選ばれもしました。

グリズリーの研究が本職で片手間で経営コンサルタント会社を経営しているのではないか……と言われたりしますが、それは逆です！

それほど愛した熊ですが、毎年キャンプを張った初日は眠れないほど緊張するのです。

理由は明確です。

熊には「情」がないからです。

「こいつはもう何十年のつき合いだな。襲うのは可哀そうだ。やめておこう」などとは決して思ってはくれません。彼らは本能に従って行動するだけです。

熊の知能は人間を欺くほど高く、臭覚は犬以上、走れば時速25キロで水泳は大の得意。圧倒的に知と力を持っていますが、情はありません。

だから恐いのです。愛は持ってても〝信〟は置けないのです。結果、疑心暗鬼がいつも心を支配します。

覇権国家が他国から見られる視点も同じです。

強ければ何をしてもよい。

自分が先、他人が後。

そんな強者の思考を「獣性」と表現しています。

どうでしょう。今の時代でも覇権主義を指向する国には当たり前に見える獣性です。

そこに他者からの信は生まれませんし、その国民も自国の獣性を目の当たりにして祖国への誇りを失うのです。それが国家の衰亡を招きます。

愛、信、誇り。

それは知から生まれるよりも「情」が生み出すものです。

政治、経済、軍事は知の世界。世界史を俯瞰すれば、知の世界観を情の世界観が、覆《くつがえ》していくことがわかります。

日本が世界から信頼されている理由

2024年の日本へのインバウンド（訪日外国人旅行）は、コロナ前の2019年を超えて過去最高を記録すると予測されています。

「円安だからね。安上がりの国に日本がなったのが要因だ」

そんなマスコミの論評を目にします。

しかし、本当にそうでしょうか？

好きでもない国に、大切な休みに大切な人と、お金をかけて安いという理由だけで来るなどと誰が思うのでしょう。現実離れしています。

日本は多くの国の人々にとって愛すべき対象になっているのです。

それは日本社会への信頼を背景にしています。

財布をなくしても返ってくる国。世界で安全な国ランキングで日本はベスト10に入っています（第9位）。これはオーストラリアに在る国際的なシンクタンク世界平和研究所（ＩＥＰ）の世界平和度指数による世界１６３の国と地域を対象とした信頼が置ける調査で、「社会の安全・治安」のカテゴリーではフィンランドに次いで第２位です。

安心できる国。

それは訪ねる大きな理由になるでしょう。

この本を読んでくださっている方々の多くは、学校教育のなかでこう教えられてはいませんか？

「日本は第二次世界大戦でアジア諸国に大きな迷惑をかけた。だから今でも嫌われ者の国なのだ」

第二次世界大戦でアジア諸国を戦火に巻き込んだ責任は否定できません。しかし、後段の嫌われ者という部分は、全く事実ではありません。

ＡＳＥＡＮ（東南アジア諸国連合）への調査データを見てみましょう。

「最も信頼できる地域に関わる主要国はどこか？」

この問いへの答えです。日本は全体の59％近い支持をうけて1位でした。（シンガポール政府系研究機関「ＩＳＥＡＳユソフ・イシャク研究所」）

愛も信も得ている私たちの国。

しかし一つ欠けているもの、それは自国への誇りなのです。

なぜでしょう。

これだけのものを受け取った、その自覚がないからではないでしょうか。

そうなのです！　世界から評価されているすべて、愛され信用されている私たちの国は、何一つ私たちが創ったものではないのです。

全ては受け取ったもの。

これだけの〝財〟を受け取っておいて、この「今」に誇りが持てないとは……？

今を生きる若者たちに問いたい。

「何かご不満ですか？」

と。

恩送りこそが人間の使命

私たちの祖国。私たちの国日本は、世界で最も長い歴史を持つ国です。

神話、つまり古事記、日本書紀を下敷きにすれば、２６８０年以上に及ぶ歴史を持っています。

なぜそれだけ長い歴史のなかで、日本という国を保ち、覇権国家から守り得たのでしょう。

〝恩送り〟という思想を大切にしてきたからだと考えています。

恩送りとは、この受け取った今をさらにより良くして次の世代に手渡したい。その思いを言うのです。

恩送りは「おんくり」と私は発音してきました。

母方の祖母から教えられた言葉です。

祖母は日本統治時代の台湾で7人の子どもたちを育てました。戦後、日本に帰国。当時旧日本領から日本に帰ってきた人々は引き揚げ者と呼ばれ、すべての財産を失った者として辛酸をなめたのです。その苦しい生活のなか、すべての我が子に高等教育を受けさせました。

子どもの未来のために、自分がどんな苦労をしても、未来のための今の苦労だ。どんな苦労にも負けるものか。自分たちの子孫のために、子どもたちのために——。私たちの祖先の気概がこの今を創ったのです。長い血縁社会に生きてきた故でしょう。子どもたちの未来は未来へと続いていく私たちの未来なのです。

その恩送りによって創られた、世界から愛され、信用される国に生きていることを忘れているのが、今を生きている私たちです。だから、誇りを持てないでいると思います。

これだけの財を受け取ったにもかかわらず、もし良い未来を子孫に残せないとすれば、それは単なる〝放蕩息子〟。そう断言できます。

自分が生まれた国に誇りが持てず、未来への不安が我々の心を占めていれば、結婚も子づくりにも躊躇するはずです。先祖から愛された事実に思いが至らなければ、自分たちの未来に対しても子孫に対しても、愛情を馳せることはできないでしょう。

少子化も未婚率の高さも、そこに根源があると私は考えています。

何よりこの今をより良くしようとする気概など生まれるはずもありませんし、誰かのためにという「公の考え」も持てるはずもないと思うのです。

「良い子を育むには、よい国に生まれたと教えることです」

知の巨人と称され、2017年4月に天に帰られた渡部昇一先生に教えられた言葉です。

良い国とは、経済、政治、軍事に秀でた国を指すのではありません。愛、信、誇りに満ちた国を指すのです。

日本人の根源にある恩送りの思想。

そこにこそ人間の使命があると私たちは長い歴史のなかで考えてきました。

そしてその思いの果て、託されたこの時を生きている私たちには、受け継いだこの国、この時をさらに磨き、子孫へと手渡す恩送りの責任があります。

授けられた命を未来へ未来へと継承していく責任。

そこにこそ真の命の目的があると思うのです。

コラム・社長から社員へ①

ウズベキスタンの「ナヴォイ劇場」

「シベリア抑留」という言葉、一度は耳にしたことがあるでしょう。大東亜戦争末期、満州、今の中国東北部で戦っていた日本兵80万人が、国際法違反にも関わらず、ソ連（現ロシア）に強制連行され、そのうち2万人がウズベキスタンに送られました。その首都タシケントには荘厳で美しいオペラハウスがあって、記念碑にはウズベク語、日本語、英語、ロシア語でこう記されています。

「1945年から1946年にかけて極東から強制移送された数百名の日本国民が、このアリシェル・ナヴォーイ名称劇場の建設に参加し、その完成に貢献した。」

「捕虜」ではなく、なぜ「日本国民」とあるのか？ それは、当初は敵国人として蔑視していたウズベキスタンの人々が、建設に携わった日本兵の勤勉で丁寧な働きぶりを見ているうちに敬意を持ったからです。当時子どもだったある人は「あなたも日本人を見習って大きくなりなさいと親から言われて育てられた」と手紙に綴っているほどです。

生きて日本に帰れるかわからない過酷な抑留生活のなか、なぜ彼らは真面目に手を抜くことなく働いたのか。それは“世界一のオペラハウス”を造ることで日本人としての誇りを取り戻そうとしたからでしょう。そしてそれは、戦争に負けた祖国、これからを生きる日本人を想ってのことだったのではないでしょうか。そんな彼らの生き方がウズベキスタンの人々の心に尊敬の念を抱かせたのだと思います。

みんなも持っている日本のパスポート、ビザなしで入れる国は194カ国。これは世界一です。つまり世界でもっとも信頼されているということです。しかしその信頼は私たちが得たものではありません。ナヴォイ劇場を造り上げた彼らのような数多くの先人たちの「恩送り」によって得られた賜物なのです。

I部

私たちの本性

〝ＪＡＬ機奇跡の脱出劇〟をもたらした、日本人ならではの特性

２０２４年正月。

これから長く語り継がれるだろう二つの大事件がありました。

正月一日、能登半島地震が発生。家族がそろい、一年の幸せを和やかに寿ぐ、その日に襲った大地震に胸が潰れる思いでニュースを見続けました。「無常こそ常」、常なるものなどないのですと、時々に言葉にしてきましたが、正に無常の正体を見せつけられた元旦でした。

翌二日。正月休暇で満席だった新千歳空港発羽田行ＪＡＬ５１６便が地上衝突事故で炎上しました。ニュースの第一報、燃え上がるＪＡＬ機の映像を観たとき、どれだ

けの犠牲者が出ているのかと、暗澹たる思いに涙がこぼれました。

「乗員乗客379名は全員無事！」

その報道を耳にしたとき、「まさか…奇跡だ！」と拳を握り締めたものでした。残念なことに、衝突した海保機の乗員5名が亡くなりましたが、機体が全焼全損した大事故にも関わらず、JAL機の乗員乗客が全員無事に脱出したニュースは、「歴史に刻まれた奇跡」と世界中を駆け巡りました。

奇跡はどのようにして起きたのか？

第一は、乗員の的確な指示誘導にあったことは間違いありません。炎上する機内にあって、開けるべき扉を冷静に判断し、各持ち場で一人ひとりが自主判断でマニュアル通り避難誘導を完遂したCAのプロ意識に誇らしささえ感じます。

機長は最後まで機内に留まり、逃げ遅れた乗客がいないことを確認して退避したと、伝えられています。正に職責を全うしたのです。

非常時には、それまで準備していたこと未満しか、できない。

コンサルティングの現場でよく指摘するルールです。

しかし、真のプロフェッショナルは違います。

「プロフェッショナルとは、準備してきた事を100%以上発揮できる人間である」

その一事を教えてくれます。どれだけの訓練、準備の上に私たちの安全が保たれているのか、印象づけられました。

第二の奇跡の要因は、乗客367名が全員冷静にCAの指示に従ったことが挙げられています。とくに「手荷物は持たない！」との指示に従ったことを最大の要因と指摘する声が多く見られます。

「荷物は持たないで！」とアナウンスがあっても、乗客がトラブル一つなく完璧に聞き届けるのは、日本人の特性の為せることだ。そんな海外からの書き込みも、多く目にしました。

奇跡の本質は、たった一つの言葉に収斂《しゅうれん》すると考えます。それは、あの事故が起こってから〝機内の全員が全員を信じた〟という一点です。

乗客全員がCAの指示が的確に下されるだろうと信じた。

そして乗客全員がその指示に従って行動すると、乗客も乗員も信じた。

誰もがパニックを起こさないと、信じた。

その「信」が炎上する機内を支配し、奇跡の脱出劇を生み出した、と思うのです。

そして確かにその「信」は、日本人だからこそ持ち得た空気が創り出したものだと思えます。

他者の心に気を配る日本人の気質は、なぜ生まれたのか？

教養とは、「学問・知識を身につけることから養われる心の豊さ」と辞書を引くと出てきます。

しかし、日本人には、長い歴史のなかで生み出されてきた独自の教養の定義があります。

「誰かの迷惑になりはしないかと考え、行動すること」

それが伝統的に日本人の教養の大元であると思います。

ひと昔前まで、

「人様の迷惑にならないように！」

それが父母の口癖でした。

人様、誰か、世間。対象の表現はそれぞれですが、他者の心に気を配りなさい、という意味です。

なぜそれが日本人の教養の大元になったのでしょうか？

日本人の感性を考えたいときによく訪ねる場所に、青森県三内丸山遺跡があります。令和3年7月には、北海道・北東北の縄文遺跡群としてユネスコ世界文化遺産に正式登録されました。

三内丸山遺跡は、縄文時代前期から縄文時代後期、短くみても6000年前から4000年前、2000年近い「ムラ」の生活が伺い知れるのです。

2000年に及ぶ、ムラの生活——。

日本人の気質を創りあげた先祖の暮らしのスタイルは、〝長期安定定住継続社会〟にあったと考えています。縄文時代の定義には諸説ありますが、およそ一万年以上の長い期間に及ぶ平和で安定的暮らしが続いた時代です。

縄文時代の遺構から発見される遺骨には戦い損傷した形跡が少ないと、言われます。「そんなことはない！」「こんな打撃痕のある遺骨が見つかった」ということがニュースになるほど少ないのです。

ここから少しだけ想像力の翼を広げてみましょう。

アフリカ大地溝帯で誕生したホモサピエンスは、その生まれ故郷から人間の本性である旅心に誘われ悠久の旅に出ます。7万年ほど前のことでした。新たな大地、よりよい大地を彼方に夢見て、悠久の旅に出た私たちの祖先。

その旅を「グレートジャーニー」と言います。

寒冷期の厳しい環境下、先住のネアンデルタール人との戦いを経て、ホモサピエンスは東へと向かいます。人間にとって今でもそうであるように、太陽ほど恋しい存在はありません。

日の出の方角、太陽のありかへ向けて、ホモサピエンスは東へ東へと新たな理想郷を求め旅を続けます。その旅の涯にあったのは、私たちの住む日本列島でした。

北へと向かいシベリア・樺太から日本列島へ。チベットを経てヒマラヤを覗み、中国大陸東端へ至り、朝鮮半島から日本列島へ。そしてインド・インドネシアを経て海上の道を通って日本列島へ。大きくその3ルートで幾多の集団が日本列島に到達したと見られています。

グレートジャーニーを遠大な時をかけて歩み続け、日本列島に至った人々にとって、そこは正にユートピアだったと思います。

森林に覆われ、清冽な水が豊かに流れ、山の恵み、海川の豊富な食糧資源にあふれた島国。四季の巡りのなかに、美しい自然と共に暮らす環境は、グレートジャーニーで砂漠を踏破し、氷河を超えてきた人々を包み込む、夢のような日々。何より、分かち合うに十分な食糧、森林、水は、争って生活をする必要がない平和な営みをもたらしてくれました。

島国故に外敵の大規模な侵攻もなく、森林面積の広さが、集団間の線引きも容易にし、血縁集団であるムラ社会の繁栄を容易にしました。生活が厳しいはずの冬も、秋になれば川を遡って来る無数の鮭が心豊かな冬の日々を、心地好いものにしてくれた、と思います。

気を許せないのは、時に大地を揺るがす地震や噴火、大風や豪雨をもたらす天気の変動ですが、長い歴史の定住生活は、危険の予見力と数々の智恵を先祖からの贈りものとして子孫に授けてくれました。

「日常は準備の時。非常は学びの時」

小屋を立ててはいけない場所、授けられた自然からの恵みは時に貯え、時に山に返し、こんな恵みに満ちた場に住み、子々孫々和やかに暮らせることは、「有難いこと」、他では有り得ないことなのだと語り継いだことでしょう。

三内丸山遺跡の広大な空間を一人歩きをしていると、そんなヴィジョンが浮かんでくるのです。遥かな時の彼方から聴こえてくる祖先の〝コトバ〟と共に。

「みんな仲良く、争わず」縄文から現代に至る私たち日本人の素養

数千年に渡る血縁集団の安定的な定住生活。

それは、ほんの百数十年前、明治維新による近代化政策まで続いていました。

日本という国のユニークさは、土地の私有が八世紀には公認されていた点にもあります。

「墾田永代私有令」が出されたのは、8世紀のことです。

自分で新しく開墾した田地は、その個人の所有となったのです。

縄文時代から連綿と、土地＝「故郷」は血縁、家族の絆の象徴でしたし、祖先からの記憶そのものでした。

百年企業という言葉が、一般的にも使われるようになりました。

「経営の真の目的は永続にある」

そう経営コンサルティングの現場で語り出したのは、１９８０年代の後半、世間がバブルの熱に浮かれ出した頃です。

「何百億の利益を出して数年で潰れる企業ではなく、細く小さな利益であっても百年続く企業を目指しなさい」

それが私の今に続く、コンサルティング理念です。

そこから百年企業との言葉の発信もスタートしました。

永く続く企業と家の共通原則を一言でまとめると、どんな言葉になりますか？

よく頂く質問ですが、こう答えています。

「みんな仲良く、ですよ」

そう言うと、〝ぽかぁ～ん！〟とする方も多いのですが、そうなのです。

たとえば、徳川幕府は２６０年も続きましたし、徳川宗家は今も継続し19代につながっています。

家康は徳川家を興した創始の武将ですが、子孫にこんな言葉を遺しています。

「相続を大切にせよ。相続で争うことがないように!」

企業でも、家でも、外敵によって存立の危機に陥るより、後継争い、つまり相続による争い事が内患となって危機を迎えることの方が多いものです。家康は水戸・尾張・紀州の御三家を興させ、その相続の順位も定めました。血縁による跡目争いこそ、天下争乱の源になるとの思いからでしょう。

争いの芽を断ち、「みんな仲良く、力を合わせる」。そこに永続の大元があるのです。それは、世界で最長寿国家である日本にとっても同じです。

日本人の縄文から今に至る素養、特性は、「みんな仲良く、争わず」という一点にあったと思います。

争い事の種、それは「誰かのことを考えない」、つまり迷惑にあるものでしょう。

農耕社会でもあった日本は、協働のムラ社会でした。田植えも稲刈りもムラを挙げて取り組みます。ムラの一員である家も、一家を挙げて参加します。ムラのなかで、田の草とりを怠る家があれば、そこから害虫が飛び火するかもしれません。田の畔を補修し、落ち葉を掃除することを怠れば、田の命の水が荒れることにも結びつく。正に農耕社会のムラは、運命共同体でした。その共同体を少しでも傷つける振る舞いや怠惰は、「迷惑」そのものであったことでしょう。

長い歴史のなかで最善なムラの関係性、農耕歳時記の運営、人と人をつなぐルールが掟であり約束事です。かなり濃密で幾重にも張り巡らされた規約、言葉になっていない習慣や了解事項が、日本社会には今も存在しています。空気の重さや、不自由さ、社会的圧力を感じる人々が多いとよく言われますが、日本の長い歴史、血縁社会、ムラの構造……。様々な要素から生み出された、実は〝合理的存在〟なのです。

祖先のお陰で今がある。そう思える社会だからこそ「恩送り」の思想が受け継がれた

仲良くする。争い事を起こさない。そのためにも人に迷惑をかけない。その教養は、今でも日本社会の基盤になっています。

教養から、その家・血縁・人間の信用が高まっていきます。その信用は、「家名」をその地域で名誉あるものにしたのです。

いちばんの信用、それは陰《かげ》日向《ひなた》なく誰かのために生きる姿から生まれました。誰が見ていなくても、自ら率先してムラのために働く姿勢です。

仕事は、

1、自分の仕事

2、あなたの仕事
3、誰の仕事でもない仕事
の三つに分かれます。

「自分の仕事」に打ちこむことは当然のことです。

「あなたの仕事」とは、自分ではない「誰かの仕事」のことです。協働を意とする農耕ムラ社会では、当然のことです。

しかし、三つ目の「誰の仕事でもない仕事」はどうでしょうか？

どうして自分がしなければならないのか？

そう思っても当然です。

集落の神社を掃除し花壇に花を植える。公道沿いの大風で倒れた竹林を整理する。今でも、ある町に入ると公道の道傍の雑草が刈られ、季節の花が咲き誇っている。そんな情景を目にすることがあります。

それは、行政がやったのでしょうか？　当番が決まっていてその人たちが？

ひょっとすると、人知れず誰かが喜んでくれることをしたい。そう思っている人が自発してその仕事をしてくれたのかもしれません。誰の仕事でもない仕事を、人知れず、誇ることもなく。

私たちは、「慎独」ということを大切にしてきたのだと思います。

誰に見られていなくても、独りより良きことを実践し、身を正す。

それを、「独りを慎む」との言葉に籠めたのです。

「お天道様が見ているよ」

そんな大切な言葉があります。

誰が見ていなくても正しき行動をする。誰かに思いを馳せて人知れず、皆のために良きことをする。そんなあなたをお天道様は見ているよ。という意味です。

お天道様？　太陽が見ているはずもない。合理的に考えれば、当然そう思う。

お天道様とは何でしょう。

どんな時も、私たちを慈しみ、光を投げかけてくれる存在。温もりと慈雨、時には寒さや大嵐で私たちに何かを教えてくれる存在です。何より、あらゆる〝いのち〟の源です。誰に対しても例外なく、その恩恵は行き渡ります。

お天道様が見ているとは、いのちの源、つまり「すべての存在があなたを見ていますよ」との意味だと、お伝えしています。

見ているとは、見張っているとの意味ではありません。「応援してくれている」のです。そこには、私たちの国を造ってくれてきた祖先も含まれていると思います。信じ合い、争うことなく、仲よくする社会を大切にしてきた何万年にわたる祖先一人ひとりの結晶として今、ここに生きる私たち――。

受け継がれている教養を紐解くと、あなたの生きる使命も見えてくると感じます。定住安定社会は、自分たちの子や孫が変わることなく生き、住み続ける社会でもありました。あの祖先のお陰で今がある。自然とそう思える社会です。

今をより良くして子や孫に贈りたい。その子や孫も、そう思い未来を創りたくなるように。

そこに自然と「恩送り」思想が長い歴史を超えて受け継がれています。

存在するものすべてに仏性があり何かを伝えようとしている、と考えるのが日本人の〝心〟

ドイツの大哲学者カントは、精神のはたらきを「知、情、意」と三つの流れで定義しました。

知とは「何を知り得るのか？」、つまり知識の領域。情とは「何を望んでよいか？」、欲求、情感です。意とは「何を為すべきか」、行動を指します。

精神のはたらきを、心の発動という言葉で伝えることもありますが、確かに「知、情、意」と三分割することで心の本体がわかりやすくなります。

しかし、日本の文化を省みると「知、情、意」の流れが少し違うと思うことがあるのです。

十代の頃、歌人斎藤茂吉の歌に惹きつけられ、歌集を片手に茂吉の生まれ故郷山形県大石田や最上川を逍遥《しょうよう》したことが幾度もありました。

そのきっかけになった歌があります。

死に近き　母に添寝《そいね》のしんしんと
遠田《とおだ》のかわづ　天に聞ゆる

その歌に接したとき、ふと自分はいつか来る母の最期をどう迎えるのだろう、と考えたのです。母の言葉や姿、共に過ごした情景を心静かに思い出し、母を天に誘おうと声を限りに泣き続ける蛙たちに、心静かな道筋をと、感謝にも似た祈りを向けられるのだろうか、と。

未熟な解釈ではありますが、そんな時を迎えられる大人を目指して生きたい。そう思いました。

この思いは、知の領域ではありません。「情」が囁《ささや》く懐かしさのようなものだと思います。もしこの歌を英語に置き換えれば、初夏の夜の情緒も、母という言葉の持つ懐かしさも伝わらないのではないかと思います。

そもそも、蛙が天に何かを伝え、天への道行きを厳かに導こうとしているなどと考えるのは、日本人ならではでしょう。〝山川草木悉皆成仏《さんせんそうもくしっかいじょうぶつ》〟という言葉を耳にしたことがあると思いますが、存在するすべてに仏性が宿る。私たちはそう教えられてきました。

蛙にも、悠々と流れる川にも、そここに芽吹く草々も、私たちと同じように魂を持ち、私たちに何かを教えようとしている。

そんな考えが下敷きにあって、私たちは茂吉の一首の奥深さに共感するのです。

日本人は蛙にも、一遍の落ち葉にも、道端に咲く花一輪にも情を通じ言葉を交わすことができて、そのことを喜びとすることができるようです。

私の母が亡くなって十年余りが経ちます。

母から受け継いだ趣向はいくつかありますが、花を活けることもその一つです。

「あら、あなた本当に美しい立ち姿ね。もう少し右を向く？　そうね、ほら、ますます美しく見える……良かったわね！」

ある時、母が誰かと話しをしています。部屋を覗くと庭の芍薬《しゃくやく》を花器《かき》に移しながら、楽しげに独り言をつぶやいているのです。

「気味悪いな」と言うと、一言返されました。

「花もね、美しい美しい。今日は格別美しいと話してあげながら活けるとパッと輝くのよ。何と言っても、この子の花言葉は〝恥じらい〟ですからね」

その母の癖は、すっかり私に移ったようです。

あの時の母の言葉は、「情、知、意」とつながる日本人の心の流れをそのまま表していると、今は思います。

情を寄せ、花言葉の知を思い出し、より美しくと意を凝らす。

どんなに知に優れても、情の薄い人間は信用されない。

それが日本社会の特性だと、多くの人々はわかっていると思うのです。

「情」の発動とは、「誰かが悲しいと私も悲しい」と思うその共感性にある

日本人の心は、「情→知→意」と動く。

それは縄文時代からの暮らし方に大元がある、と考えています。

縄文時代、何世代もが一つの掘建て住居に住んでいました。

煮炊きもし、幼いも若きも老人も一つ屋根で暮らすのです。暮らし自体も不自由で不完全なものだったはずです。煙の充満する住居の中では眼病や肺の病は普通のものので、幼子の生存率も低かったに違いありません。

また集団生活は、不完全な人間の姿も顕《あらわ》になるものです。老人は小言をつぶやき、赤子は泣き、病人は呻く。そこで切れても、怒鳴っても意味はありません。

「仕方ないなあ……」

と心に応え、老人を介護し、赤子をあやし、病人の面倒を看るしかないのです。何と言っても血縁親族なのですから。

その環境は、人間の共感性を育むことにもつながります。

共感性とは、正に情の発動です。

「誰かが悲しいと私も悲しい」

「誰かが嬉しいと私も嬉しい」

情の本姓は、その共感性にあります。

蛙の鳴き声、秋の虫の音、蝉の声にすら共感し情でつながり、秋風に逝く季節を思い涙する。

その共感性は、不自由で不完全な集団生活から育まれたと考えます。

不自由で不完全な暮らしであっても、美しい自然清烈で豊富な水、山海の食物には、多くの時代恵まれていました。笑いも、恵みへの交歓も、死する者への哀悼の思いも持つ余裕がある。

そんな採集生活は、私たちに続く美意識にも大きな影響を与えています。

火焔型土器に代表される縄文土器群を目にした方も多いでしょう。新潟県十日町にある十日町博物館には928点の国宝に指定された縄文土器が展示されています。火焔型土器を始めとして、その圧倒的創造性に衝撃を受ける空間です。

そこでこんなことを感じたことがありました。

なるほど、この創造性の輝きが6千年の時を超えて、葛飾北斎の独創的モチーフにつながっているのだ。

そんな直感でした。

自分の視点から離れ、描く主体の個の声を大胆な構図でまとめていく。そこには、描く主体への共感性が漲《みなぎ》っています。

美術の素人の戯言ですが、自然、森羅万象への共感性こそが日本人の特性であり、日本文化の源流であると強く思っています。

日本への海外観光客の増加は、情によって結びつく社会を体験したいから

誰かが悲しいと私も悲しい。――誰かの心の動きに共感し、情をスタートとして心を発動するのが日本人です。情の伴わない知を忌《い》む気質もそれ故です。

「海外からの来訪者は日本の『情の世界』を観に来ている」

観光事業を営む方々によく伝える言葉です。

日本への外国人観光客は2024年に3300万人を突破すると予測されています。2010年、今から15年ばかり前、海外観光客は600万人を突破し、夢の1000万人を目指す機運が一気に高まっていました。そんな時に、2011年3月11。東日本大震災が発生します。福島第一原子力発電所の事故も重なり、海外観光客

誘致など雲散霧消。何より放射能汚染に対する恐怖を考えれば、誰もが日本を敬遠すると絶望のなかで思ったものです。

ところが、翌2012年、2013年と、海外観光客は勢いを取り戻し、なんと2014年には夢と言われていた1000万人を突破します。そこからはあれよあれよと2016年に2000万人、コロナ前の2019年には3000万人を突破するのです。

この急激な増加は何が要因だったのでしょう。とくに近隣国の中には、日本の原発行政を糾弾し放射能汚染国と名指しする論調すらあったにもかかわらず……。

実はその兆しを2011年の夏頃から感じていました。

仕事で海外へと赴く度に同じ質問を受けるのです。時には号泣と共に、

「なぜ日本人はあんな行動がとれるのか？」

と。

そして、異口同音にこんな話をするのです。

自衛隊の車両が被災地へとガレキを乗り越えて入って行く。津波に町を破壊され、寒さを凌ごうと焚火を囲む着の身着のままの人たちがいる。救援物資を渡し、労《いたわ》る自

郵便はがき

お手数ですが
63円切手を
お貼り下さい

150-0043

東京都渋谷区道玄坂1-10-8
渋谷道玄坂東急ビル2F-C

株式会社径書房　行

ご住所　〒　　TEL　（　　）

お名前《ふりがな》

年齢　（　　）歳
性別　男・女

メールアドレス　@

本書をどこでお知りになりましたか？

1，書店で見て　2，人に聞いて　3，Amazonのウェブサイト　4，（3以外の）インターネット
5，新聞・雑誌（掲載紙誌名　　）　6，その他（　　）

ご記入いただいた個人情報は、個人情報保護の観点から適切に取り扱いいたします。
匿名で、広告などに使用させていただく場合がございますことをご了承ください。

径《こみち》書房　読者カード

ご購読いただき、ありがとうございました。今後の企画の参考とさせていただきますので、ご協力をお願いいたします。

☆お買上げいただいた書籍の題名

☆本書のご感想・ご意見をお聞かせください。

ご記入ありがとうございました。

衛隊員たちに向かって、被災者たちがこう言うんだ。

「私たちはもう十分。ここより山の向こうの港町はもっと大変に違いない。そちらに向かってくれ……」と。

普通は大震災が発生すれば、略奪も起こり、物資の奪い合いは当たり前のことだろう？　だが君たちは違う。自分たちよりもほかの誰かのことを助けてほしいと懇願する。

そうして、彼らは泣きながらこう聞くのです。

「誰もが、だ。なぜだ？　どうしてそんな言葉を発することができるんだ？」

そんな問いに、私も感極まりながら幾度も幾度も日本の国柄を説明したものでした。

何千年、1万年を超える定住社会で度重なる災害を耐えてきた日本は、美しい自然に包まれた国で、その美しい国土が牙をむく。

そんな時は、自然を怨むこともなく助け合い、思い合い、励まし合ってきた。

そして遺伝子の中に「誰かが先、自分が後」という情が刻まれてきたのだ。

誰かが悲しんでいれば私も悲しい。だから弱い者、苦しんでいる者を救わなければと、長い歴史のなかで心に刻まれてきたからだと思う。そう伝えてきました。

「Japanese people is so beautiful!」

２０１１年12月、ニューヨーク五番街のホテルで、若い米国人経営者と語り合ったときに発せられた言葉です。

今の日本人、私たちが、〝自分は後、他人が先〟などという奥ゆかしさを持っているなどとはまったく思えない！　そんなのは幻想だ。世界の中でも突出した利己主義が蔓延している国じゃないか。そう思う人もいると思います。

「危機には人間の本姓が隠すことなく現れる」

そう考えるのは、歴史を俯瞰するなかで教えられるからです。

命の危機、破滅的危機に直面すると、人間の本脳に刻まれた〝獣性〟が一機に表出します。獣性とは、「自分が先、相手は後」という発想であり、力が強ければ何をしたって構わない！　という自分中心主義です。

日本は驚くほどその表出が見られないのです。

誰かを思い、助け合い、励まし合う。分け合い、苦しさを共にし、弱き者を救おうとする。

確かにその名残を大災害の度に目にしてはいませんか？

それは、知によって為せることではありません。情の発露に他ならないのです。知に支配されてきた世界。それはグローバリゼーションという思想の下、知をＡＩによって動員し、人間的感覚、誰かの悲しみを踏みにじる強欲さに誘導されてきた世界でした。

違う世界がある。情によって人間性を発揮し結びついている人々の住む国がある。その情を体感したい。

コロナの後、一気に回復した海外観光客の動向を２０１１年から見続け、海外の要人と言葉を交すなかで実感するのです。

ＡＩの時代にこそ日本人的感性が必要とされる。それが愛という名の「情」である

「情」。この単語をＡＩで英語に変換すると、「feeling」とか「emotional」と返ってきます。しかし少し違うと感じます。日本人にとっての情に相応しいのは、「love」かもしれません。

自らの獣性を乗り超え、相手本位でありたいとの希《こいねが》い。それが情なのだと強く感じるのです。

「知」の世界はＡＩが支配する。そんな時代を私たちは生きています。

小さなスマホの中に潜むＡＩは、人間の知の限界を突破し、あらゆる知見を瞬間的に届けてくれます。その結果、下手をすると幻想の全能性に蝕まれているのが現代の

私たちだと思います。知への謙虚さ。言葉を換えれば、知的好奇心を失い、知る喜びを喪失してしまっています。

「意」の世界はどうでしょう。

自分の意志で行動を決める。つまり自己決定能力という人間の尊厳を失ってしまったのが私たちです。ＡＩに訊ね、その推奨に身を委ねる。つまり、ＡＩの誘導に好むと好まざるとに関わらず導かれているのです。

カントの定義した心のフロー、「知、情、意」のうち、二つを手放してしまったのが私たちです。

残されたのは情だけです。

人間らしさとは情の発露に集約されます。

情は時に〝非合理〟なものです。自らを犠牲にしても、誰かを助けようとする。それは、遺伝子が要求する合理とはほど遠いものです。遺伝子の絶対的要求は、生存本能にあるのです。

合理性を判断の根幹に置くはずのＡＩには、突破する壁の厚さが、人間の情という非合理性前提の世界にはあるように思います。

もし人間が情すら合理化しようとしたら、もはや人間の人間たる所以は失われるでしょう。

日本人的感性は、人間の一つの原型として大切にすべきものだと考える中心点です。

一流とは、恩送りの精神を行動に移せる人のこと

「一流」。何かしらの憧れを感じさせる響きがあります。

では「一流とは何か？」と問われると、簡潔に答えることは難しいのですが、常により良くなろうと努力を重ねる精神、その現状進行形を指すのだと考えています。

「理想を追求し続けて、ついに99点まで辿り着いた。しかしその時に気づく。〈100－99〉イコール〈1〉ではないことに。〈100－99〉は〈∞（無限大）〉なのだと」

つまりはこういうことです。

完璧を、あるいは理想を目指して一つの道を極めてきた。あと一歩のところまで来た自覚はある。しかし100点までの一歩は、無限ともいえる距離を感じる一歩なの

だと気づき、とはいえ絶望することなく、さらに理想を求めて歩みを続けようとする。

そんな人への称号が一流なのだと思うのです。


船井幸雄先生の下で働き始めて3ヶ月後のある日、唐突に、

「佐藤君、せっかく働くのだから一流の人間を目指せよ」

と言われたことがありました。

一流……!?　「一流になるためにはどうしたらよいのでしょう」と質問すると、びっくりするような答えが返ってきました。

「一流になるにはな、自分を一流だと思うことだよ」

一流にほど遠い人間が一流になるには、その身で一流だと思い込め、と言われたのです。頭が「?」マークでいっぱいの顔をしていると、

「新幹線で出張するとき、下車駅が近づいて来た。身の周りのゴミを残すことなく手に持ち、ゴミ箱へと向かっているか?　席もたれは元に戻しているか?」

と言われ、さらにこう続けたのです。

「ホテルに泊まることも多いだろう。部屋を去るとき、まるで誰も泊まっていなかっ

たかのように整理整頓して出てきているか？」

「できていたり、できていなかったりですが……。後始末グセをつけよ、ということでしょうか？」

そう訊ねると、ニコニコと「そういうことでもないけどな」と返されました。

それから半世紀近くが経ち、今は先生の真意がわかります。

次に来る人のことを常に考えるのだ。この部屋を掃除に入る誰かの気持ちを少しでも案じられるようになるのだぞ。

先生はそう伝えたかったのでしょう。

今を少しでもよりよくして次に手渡す。

つまり「恩送り」を行動にしろよと、語っていたと思うのです。

そしてそれは、日本がこれだけの豊かな国になった理由であると教えてくれていたのだと。

なぜ私たちは桜を見ると、何とも言えない懐かしさを掻き立てられるのだろうか

もし誰もが次にそこに来るはずの誰かを考え、その誰かが心地好くその場に立てるようにと考え行動し、未来への〃お土産〃を残せたとしたら、誰もが笑顔になるはずです。そして自分が受け取ったこの今を託してくれた先人に応え、自分もそうしたいと願うはずです。

その積み重ねのなかに一流の〃空気〃が生まれ、一流の〃場〃が育まれていくのでしょう。

誰か、見ず知らずの誰かのために、手間を惜しまない。

私たちの祖先にはそんな思いがあふれていたのだと思います。

桜の季節――。

今や海外観光客にも親しまれる花見ですが、関西大学宮本勝浩名誉教授の推計によると、２０２４年に花見に訪れた訪日外国人は３７３万人に増えたそうです。

毎年満開の桜を観て思うのです。

私は今、幾多の先達、祖先の「愛」を観ているのだと。

いつか満開の美しい姿を未来の子孫に観せるのだよ――そんな思いで桜の苗木を植えてくれた結果として、私たちは世界でも稀な花見文化を楽しむことができています。

その未来の子孫のためにとの愛の結晶こそが、桜の花々なのです。

日本人がこれほどまでに桜を愛で、何とも言えない懐かしさに浸るのは、先祖の私たちへの恩送りを感じるからではないでしょうか。

次世代を生きる人々のために桜の苗木を植え続ける。

その思いを私たちも受け継いでいるのです。

そう考えてみれば、私たちの祖先は正に一流の人々でした。見ず知らぬ誰かのために自分の時間をつかう。

「時間とは命そのものです。８時間働いたのは、８時間命をつかったのです」

新社会人に必ず伝える言葉です。

私たちは常日頃〝命を大切に〟と口にし、心からそう思ってもいます。

では、命を大切にとは、どんなことを指すのでしょうか。

「つかった命が、何に換わったのかを自覚できていること。何に換わったかなんてわからない。ただ過ぎ去っただけだ。それを命の無駄づかいというのです」

そう新社会人に伝え、年々歳々、その意味を受け取ってくれる若者が増えていると感じています。

つかった命が何かに換わる。換わったとすれば、何に換わって欲しいと私たちは願うのでしょう?

それは、

「誰かの良い記憶に……!」

命という時間は過去へ過去へと消えていく。しかし、もしその命が誰かの良い記憶に換わったのなら、それは命が未来へと引き継がれることになります。

良き記憶は、言葉で語られ、共有され、また次の誰かの記憶へと継承されるからです。

桜の苗木を植えた先達の時間＝「命」は、遥かな未来に生きる誰かの良い記憶となって生き続けている。

恩送りの尊さはそこにあるのです。

外国人が山手線を見て感嘆するのは、日本人の秩序性と規律性に惹きつけられるから

人間は時として〝獣性〟に把《とら》われるものです。

今がよければ良い、自分だけ良ければそれでよい、何を言ってもお金が何より大切。

そのような発想は、「今だけ、自分だけ、お金だけ」という獣に近いものだと感じます。

今も大事だが未来はもっと大事。

自分はもちろん大切だが、他人も同じように大切。

お金が不要な訳はないが、心の豊かさはもっと大事。

誰もがわかっているはずのことです。

私はもう30年以上、「人財」という言葉を大切にし、多くの方に発信しています。経営コンサルタントという仕事のなかで、数多くの幸せな人生をおくる人々を見てきました。そして、幸せな人生を手にする人間には共通する原則があると教えられてきました。

それは、

「人間は能力で成功するのではない。性格で成功するのだ」

という大原則です。

では成功する、幸せになる性格とはどんなものでしょう。

人財の「財」は、「たから（宝）」とも呼びます。なぜ「材」ではなく「財」と書いてきたのか？

黄金もプラチナも、ダイヤもルビーもサファイアも、一つの共通点を持っています。それは、光を当てられて初めて輝くということです。

人間も同じです。

どれだけ自分には才能がある、優秀なのだと主張しても、誰かに光を当てられ、その輝きを発見されなければ、幸せへの道を歩み出すことはできません。

光を当てられて初めて光り輝く財たり得るのです。

人財に至るまで、人は5つのステップを踏むと考えています。

最初の段階、つまり生まれたばかりの頃。赤子は自分の本能の求めに従って行動するものです。お腹が空いたら泣く。かまってくれないと泣く。おしめが濡れて気持ち悪ければ泣くものです。

その時に忙しく家事をしている母に思いを馳せることはありません。言わば、

「閉じた個」

なのです。

この状態を「小人《しょうにん》」と表現しています。

ところがある日、一つの気づきを得ます。自分が笑っていると母も嬉しそう。泣いていると母も悲しそう。自らの笑顔や泣き顔が父母の喜びも悲しみもつくる。その気づきです。人という漢字は「ノ」と「乀」が支え合う姿を示していると教えられましたが、支え合い、影響を与え合うことへの幼子のそれなりの気づきが「人」への扉を開くのです。

次が「人間」へのプロセスです。人が世間と関わり、世間と折り合うようになる状

態が人間です。よく言われるように、「人＋世間」＝「人間」なのです。

教育心理学のなかに「心の理論」という研究があります。

「ある状況に置かれた他者の行動を見て、他者の考えを予測し解釈する能力」のことで、こうした心のはたらきは、通常4歳〜6歳で身につくと言われています。

この段階は、まだ「人」のレベルです。

人間の段階になるとは、他者の考えを予測し（察し）、気づかう行動を取ることができる状態と考えています。

つまり、「気づきの力」＝「人間」なのです。

人はみな既与の世界に生まれてきます。

既与とはできあがった世界との意味ですが、生まれたときにはすでに多くのルール、規則、法律が存在しています。

「おれは赤信号で横断歩道を渡りたいんだ」と言っても、「新幹線に乗る時は降車する人たちの前に乗るのだ！」と息まいても、詮無きことです。大怪我をするか、罵声を浴びるか、所詮不愉快しか待っていないでしょう。

日本は世界でも最も古い歴史を持った国である故に、暗黙のルール、明示された規則が網の目のように張り巡らされています。そしてそれらは複合し、想像以上に合理的な国柄をつくってきました。

山手線は、日本でしかつくることのできない奇跡の仕組みです。環状線や11両編成の列車運用といった鉄道システム自体は多くの国でつくることは可能です。しかし、山手線のように、1時間に18本から21本もの密度で列車を走らせることは不可能なのです。

それを可能にしているのは〝日本人〟だからです。

誰に指示されることもなく、「降りる人が先、乗る人が後」「乗ったら奥へ」という暗黙のルールを毎朝、毎日、正確に繰り返し、大きく乱れることがないのです。1分～2分遅れただけで謝罪の車内放送が流れる程、その運行は正確に守られていますが、それは乗客の秩序性によって守られてもいるのです。

海外からの観光客が、山手線や新幹線のホームでうれしそうに列車の行き来を撮影している姿を見かけたことがある人も多いのではないでしょうか。乗客と駅員の規律性やその秩序美に惹きつけられているのではないか、と考えることが多くあります。

「壮大な舞台を観ているような気分だよ！」

と言ったのはイタリア人の経営者です。

朝8時の山手線ホーム。

次々やって来る11両編成。機械仕掛けのようにきびきびと乗り降りする人々。

片時も気を抜かず列車を見送る駅員の姿。

そんな光景を小一時間ばかり彼と一緒に観ていた時でした。

規律性、その暗黙のコミュニケーションによって創られる合理性。渋谷のスクランブル交差点でスマホをかざす外国人も、未体験演劇を観ている気分なのだろうと感じます。


積み上げられてきた、今私たちが生きているこの既与の社会は、若い頃には束縛されている、空気が重い、同調圧力！　などと感じるでしょうが、実は想像以上の合理性を持っているのです。

そこに生きるうえで、暗黙のルールの意図を察し、折り合っていく気づかいは、「人間」の大切な素養です。

「人材」とは、その察することと気遣いを自発的に広げられる人。

つまり〝気づく人〟が人間から人材への扉を開けられるのです。

自発的に、自ら、誰に言われることなく。昔から人材を大人と言ってきたのではないかと思います。

ほんの少し前、

「ファミリーレストランに入ってきた家族4人がさ、注文し終わると全員が各々スマホに没頭してるんだ。何で集っているのかね?」

などと笑い話にしていました。

しかし、今や当たり前すぎる光景で話題にもなりません。

家族でそろって食事をしていても、一人ひとりが自分の世界、空間、時間を生きている。時には恋人同士まで……。少し恐さを感じるのは、年を経た者の戯言でしょうか。

みんなでいるときは、みんなの世界をつくろうとする。

みんなの時間を楽しむ。

そんなこと、と思うような当たり前ができない老若男女が増えつつあります。

それは一つの危機ではないかとも感じます。
なぜか？
それは恩送りされてきた「人財」の考え方を知ればよく理解できます。

コラム・社長から社員へ②

戦後復興を成し遂げた真の理由

みんなもよく知っている私たちの大切なお客様、「十万石ふくさや」さんは、今から40年以上前、社会人1年目の私が最初にコンサルタントにいかせていただいた会社です。創業者の横田信三さんは大正生まれで、大東亜戦争において最悪の戦いと言われたインパール作戦に従事しながらも生き延びた方でした。戦後帰国したときにはやせ衰えて体重は僅か38キロだったそうです。横田さんはよくこんな話をしてくれました。

「戦争では自分よりも優秀な者ばかりが死んでいった。なんであんな優秀な人が、という者から死んでいって、自分は生かされた。生かされた以上、自分は亡くなった戦友たちのために何かで恩返しをしなければならない……」

私が仕事でご一緒させていただいた大正世代の経営者には、このような生き残った故の使命感をお持ちの方が大勢いました。

戦後日本の復興をよく「奇跡」と称したり、その理由を朝鮮戦争による特需と解説されたりします。しかしそれは表面的な見方にしか過ぎません。歴史年表に並んでいる事実をつなぎ合わせるなかで、その底流に流れている人間そのものを見ようとしなければ歴史の真実は理解できません。

戦争によって亡くなった日本人は約310万人と言われていますが、そのうちの200万人以上が大正生まれの男性で、実に7人に1人の割合です。そして、戦後の復興を担った中心世代もまた大正生まれの人たちでした。戦争に敗れ、多くの戦友を失い、帰国して焼け野原になった故郷を目の当たりにして、心の中は憤と悲しみで渦巻いた。しかしそういう思いを背負った人たち一人ひとりの力、気概が、戦後復興を下支えし、やがて高度経済成長を起こし、日本を再生させるエネルギーとなったのです。

大正最後の年に生まれた人たちは今年98歳を迎えます。

II部

人間とは

幸せは「部屋の中」に転がってはいない。人と人との関係性のなかにこそ幸せはある

今から2年前、コロナが世界的に収束の兆しを見せた頃、ツイッター社を買収したアメリカのイーロン・マスク氏の発言が物議を醸したことがありました。

それは、

「週40時間出社できなければ退職してもらう」

というものでした。

確かにその表現は厳しかったし、リストラの意図があったのかもしれません。しかし、彼は人間の本質を見抜いていると感じました。

オンライン化の促進によって合理的な仕事が増えたことは事実です。

しかし、人間は実際に対面してこそ創発され、創造力が湧くものです。

この「創発」というのは、簡単に言えば「心を動かす」ということです。心が動かなければ仕事への喜びも生まれませんし、革新的なアイディアを生み出すこともできません。

彼がＩＴ業界のなかでこの点を強調するのは、その立場からリアルな交流の大切さを痛感しているからだと思います。

今から約４００年前、パスカルという哲学者が、まるで現代のコロナ事態を予見していたかのような言葉を残しています。

「人間のあらゆる不幸はただ一つのことから来ているという事実を発見してしまった。人は部屋の中にじっとしているままではいられないということだ」

（『パスカル　パンセ抄』鹿島茂訳）

パスカルは私たち人間にとっての最大の不幸は「部屋の中でじっとしていること」

だと説いたのです。

なぜそう考えたのか？

その答えは、人間とはどのような存在かを考えると理解できます。

「I部」でも触れましたが、「人間」という言葉は、「人」という字に「世間」の「間」という字を組み合わせて表されます。この「世間」とは、人々で構成された社会のことを指します。

つまり、人間は他人との交流なしには人間とは言えないということです。

コロナ禍の3年間、私たちはまさにパスカルの言う不幸の真っ只中に置かれました。その体験故に気づいたことがあります。

それは、人生における幸せは、「部屋の中」にはないということです。

コロナは不幸な出来事ではありましたが、人々との関係性のなかにこそ人間の幸せがあるのだということを強烈に示してくれました。

ただ生きるのではなく、善く生きること。それが人間らしい生き方

新型コロナウイルスが世界的な流行を見せ始めたとき、こう思いました。

コロナが去った後の世界は、以前の状態に戻ることはないだろう、と。

なぜなら、コロナによって引き起こされる社会的な変化は、私たちに「生きる意味」や「命の本質」といった、人間への根源的な問いを投げかけることになると直感したからです。

だからこそ「コロナ後」ではなく、「Beyond コロナ」という表現を使い続けてきました。

「Beyond コロナ」の世界を要約するなら、それは「人間性価値中心主義」と呼ぶことができると思っています。

これはいわゆる「人間中心主義」とは違います。

人間中心主義は、人間をすべての中心に据え、人間の利益のためには他の生物や環境に影響があっても構わないという考え方です。

このアプローチは、競争や個人の欲求が強調されるため、社会全体の調和が損なわれる危険性があります。

いっぽう、人間性価値中心主義は、一人ひとりの人間が幸福や成長を求めると同時に、自分以外の人々や他の生物、環境にも思いやりをもつという考え方で、全体で共存・共生していこうとする立場です。

わかりやすく言えば、「人間らしさ」を大切にする。これが人間性価値中心主義です。

私たちがすでに足を踏み入れた「コロナの向こう側」の世界で求められるのは、まさにこの「人間らしさ」を大切にした生き方です。

では、どうすれば人間らしく生きることができるのか？

答えはシンプルです。

「善く生きる」

これが人間らしく生きることです。そして、幸せになるための鍵でもあります。

大昔、まだ人間がヒトと呼ばれた時代であれば、ただ本能のまま生存欲求に従って生きればそれだけで生き物としての使命を果たしたことになったでしょう。

しかし、ヒトはやがて言葉を持ち、心が生まれ、社会性を身につけることでヒトから人間へと成長してきました。その延長線上にいるのが今の私たち、人間です。

私たちが人間としてこの世に生まれたからには、他の動物のように「ただ生きる」だけでは人間としての使命を果たしたことにはならない。そう考えます。

また、「善く生きる」は「良く生きる」とも違います。

「良く生きる」は、主に個人が自分自身の目標や願望を達成することで幸福を感じる生き方です。

たとえば、憧れのブランドのスニーカーが手に入って嬉しいとか、今月の営業成績でトップになって嬉しかったとかいう気持ちは、「良く生きる」ということにつながります。

それに対して「善く生きる」は、自分自身の満足だけでなく、自分以外の人たちや社会全体の幸福や喜びを考えて行動することです。人間は誰かの喜びを創るべく生き、誰かの喜びを生み出したことに幸せを感じます。人間性の核心はそこにあります。この考え方は道徳的な価値観や倫理的な判断に基づくものです。

簡単に言えば、世のため人のために生きるのが「善く生きる」ということです。

どちらの「よく生きる」も生きていくうえでとても大切な営みですが、人間は人と人の間に生きる社会的存在であるという本質を考えれば、「善く生きる」ことがより人間らしい生き方ということになります。

２０１９年12月にアフガニスタンで銃撃されて亡くなった中村哲医師は、アフガニスタンの荒れた土地に井戸や用水路を作り多くの人たちを救いました。

中村医師は生前こんな言葉を残しています。

「道で倒れている人がいたら手を差し伸べる。それは普通のことです」

人間はどんな状況でも、心の在り方しだいで変わることができる

毎年夏に年に一度の長期休暇をとってアラスカに通い続けて35年になります。子どもの頃から不思議なほどクマに興味があり、アラスカのコディアック島に棲む世界最大のクマ、コディアックベアを間近で観るのが最初の旅のきっかけでした。しかしいつしか、今やいちばんの親友である、コディアックで宿を営んでいたジム・ハミルトンとの再会こそが旅の一番の目的となっていきました。

ところが、コロナの影響で2年間、アラスカ行きを断念せざるを得なくなってしまいました。その間ずっと心の中で想っていました。

今頃ジムはどうしているのだろうか。どこに足を運んでいるのだろうか。今どんな

ことを考えているのだろうか。そして、次に再会できたときは、アラスカのあの場所でこんな話をしたいな、と。

こうした想像をふくらましていると、たとえつらい現実のなかにいても、幸せな気持ちに包まれ、明日も頑張ろうという気持ちになります。

つくづく思うのです。人間とは記憶であると。

人と人との交わりのなかに身を置き、良い人間関係をつくり、同じ時間を共有することで、その時間が良き記憶となり、そしてその記憶を思い出すことによって生きるエネルギーが湧いてくる。

どんな時でも心の在り方しだいで変わることができる唯一の生き物、それが人間なのです。


「無常こそ常である」

30年以上前から発信している言葉です。

「無常」とは、仏教用語で「常なるものなど無い」、つまり、この世の中の一切は移り変わっていくものであるという意味です。それが「常」、当たり前ということです。

日常を失って日常の有り難さに気づいた私たちでしたが、本当は最初から当たり前の日常なんていうものはなかったのです。

昨日と同じ今日はなく、今日と同じ明日もない。日々、移り変わっていくものです。コロナは終息を迎えつつありますが、またいつか必ず個人の力ではどうしようもできない非常事態は起こるでしょう。

なぜなら、脅かすわけではありませんが、世界的な大きな出来事は連鎖するというのが歴史の常、法則でもあるからです。

世の中に常なるものはない。明日何が起こるのか、未来がどうなるのかは誰にもわかりません。

だからといって、ＡＩやスーパーコンピューターに「未来はどうなるの？」と問うたところで答えは得られません。

未来はそれぞれの意志のなかにあるのだと強く思います。意志とは「こうありたい」と心を働かせることです。

「明日はこんな日にしよう」

「私はこんな未来を生きる」

心の中で理想の未来を思い描き、そこにいる自分を想像し、そのために今自分は何をなすべきかを考え行動する。

未来はどうなるかと問うものではなく、人間の持つ意志で創り上げていくものだと思うのです。

自分一人でつくったものなどこの世界には何一つない。すべては受け継いだもの

当たり前だろうと思われるかもしれませんが、この本の表紙には私の名前が著者として表記されています。

しかし、本当はこの本を書いたのは私だけではありませんと言ったら、どう思うでしょうか？

確かに今こうして、読者のみなさんに考えを伝えるために、日本語という言語を用いて文章を書いています。

しかし、だからといってこの本がひとりで書き上げた創作物かと問われたら、はっきり「違います」と答えるでしょう。

なぜなら、この日本語である言葉も、思想や信念である基本的な考えも、源流をたどっていけば、すべては66年という人生の時々に与えられ、受け取ったものから紡ぎ出されたものだからです。

幼い頃は両親、とりわけ母親が語りかけてくれる言葉を、あるいは祖父や祖母が話しかけてくれる言葉を、またある時は学校の先生、社会人になってからは私の尊敬する師である舩井幸雄先生から学んだ数多くの言葉を受け取ってきました。

また、古典文学を始めとするさまざまな書物の読書体験を通じて蓄積された語彙や知識もあります。それは言わば、過去の時代を生きた偉人との〝対話〟を通して学んだ知見です。

いつしか自分なりの言葉や考えが集積され、それに個人的経験や多くの人との出会いから得た気づきという要素が加わり生まれ出たものがこの本であると思うのです。

その意味で、この本は私ひとりの力で書いたものではないということなのです。

当たり前という先入観を捨て、今私たちが生きている世界を見渡してみれば、この世に自分ひとりの力でつくりあげたものなど何一つないということに気づくはずです。

毎日食べるお米もパンも、それを作る技術も、蛇口をひねればいつでも水が出る水道水の設備も、鉛筆やノート、電話や自動車など、暮らしに必要なありとあらゆるものは、私たちが生まれたときすでにこの世に在ったものです。私たちはそれらを引き継いで使わせてもらっているだけなのです。

スティーブ・ジョブズが開発した「iPhone」は画期的な製品でしたが、あるとき突如、ぽっとこの世に生み落とされたわけではありません。ジョブズのiPhoneが登場する10年以上前に、世界初のスマートフォンはすでに存在していました。その歴史の流れ、つながりというものがなければ、ジョブズのiPhoneは生まれなかったのではないでしょうか。

日本が世界に誇る新幹線も、戦前に造られた蒸気機関車や零戦の製造技術が人から人へ受け継がれたからこそ為し得たものです。

現在《いま》を生きる私たちは、ついつい今この時だけに焦点を当てて物事を捉えてしまいがちです。

しかし、この世界のほとんどすべてのものは、過去、すなわち長い歴史のなかで、数多くの先人たちの手によって培われ、受け継がれてきた果てに存在しているものです。

そしてその受け継がれてきたなかでもっとも大切なもの、それは私たちの「命」ではないでしょうか。

「私たち一人ひとりの命はかけがえのないもの」

この言葉に異論を唱える人はいないはずです。

「命は大切ですか？」

と問われればれば、小学生でも「大切です」と答えるでしょう。

ではなぜ、命は大切なのか？

なぜ、命はかけがえのないものなのか？

それは、命、すなわち私たち一人ひとりの生命とは、自分ひとりだけのものではないからです。

考えてもみてください。

私たちは誰ひとり例外なく父と母から産まれました。

その父と母もまた父と母、すなわち私たちの祖父と祖母から産まれました。

その祖父と祖母もまた父と母、すなわち曾祖父と曾祖母から産まれたわけです。

そして曾祖父と曾祖母もまた……。

このように自分の命のつながりをさかのぼっていけば、数え切れない祖先の存在に気づかされます。

想像してみてください。

もしもそのなかの誰か一人でも欠けていたとしたら？

間違いなく〝私〟という命は、いまこの世に存在していないことになります。

私たちは、長い人類の歴史のなかで、祖先から受け継がれ、受け継がれ、受け継がれてきた命を受け取った一人であり、自分ひとりのものではないという一点において、命は大切でかけがえのない存在であると言えるのです。

自然のなかに包まれていると、なぜ私たちの心は懐かしさを感じるのか？

「佐藤さん、どうしてアラスカなんですか？」

よくこんな質問を受けます。そんなときはただ笑って、

「1年に1回、なぜか無性にクマに会いたくなるんです」

と答えることにしています。

そして、実際、それが偽らざる気持ちでもあります。

アラスカではこの数年は決まってカトマイ国立公園にあるモーレンクリークという地にキャンプを張るのですが、そこの丘からは360度、アラスカのまさに原野を見

渡すことができます。

そこには恋こがれて止まないグリズリーが点々といて、川が悠々と流れ、その川には無数の鮭が上ってきているのが遠目でもわかるほどです。そして足元では背丈が30センチほどのホッキョクジリスが、駆け回り駆け回り忙しく働いていて、時にはキツネやオオカミが姿を見せてくれることもあります。

そんな風景を何時間と眺めていると、雄大さとか多様性とかいう言葉では言い表すことのできないほどの自然の〝凄さ〟を実感します。

その時、心の中からこんな声が聞こえてくるのです。

「すべてのものはつながっている」

電話もネットもつながらない圧倒的な自然のなかに身を置くと、人間の命は自然のほんの一部にしか過ぎず、ただ生かされているちっぽけな存在なのだということに気づかされます。

しかしだからといって、人間はなんと小さい存在なのかとがっかりすることはありません。むしろ何とも言いがたい幸せな感情に包まれます。それは、私自身も自然の中で確かにつながっているひとつの命なのだという安心感に似たものかもしれません。

そして、生き物としての直感、あるいは本能がじわじわとよみがえってくる、そんな感覚を覚えるのです。


旅に出るときは、決まって家族や会社のスタッフに、

「アラスカの風に吹かれてくるよ」

などと言って出掛けます。

ちょっとキザな言い方に聞こえるかもしれませんが、アラスカに限らず、日常から離れた旅先で風に吹かれていると、普段は忘れている懐かしきものたちと出会うことができます。そしてそれが、旅に出る理由の一つでもあります。

「風に吹かれる」とは、「風の声を訊く」ということでもあります。

つまり、「アラスカの風に吹かれてくる」とは、「風が語る言葉に耳を澄ませてくる」という意味です。

もちろん、風が実際に言葉を語ってくれるわけではありません。風というのはどこから来てどこに行くのかわかりませんし、なぜそのとき吹いたのかもわかりません。そこに意味なんかないでしょう。風なのですから。

でも、ふと風が吹く。それを私自身が感じる。

その瞬間、懐かしい声がふっとよみがえってくるのです。

たとえばそれは、亡くなってもう10年以上になる父や母の声だったり、師である舩井幸雄先生や、学友であったMランドの創業者・小河二郎氏の声だったり、あるいはもう死んでしまったであろうアラスカのクマたちの声だったりします。

そういった懐かしきものたちと対話をしながら、自分の人生、あるいはこれからの人間の未来について、風から教えてもらっているのだと感じるのです。


懐かしさという感情は、人間にとってとても大事なものです。

その懐かしさという記憶を辿っていくと、「ああ、人間ってこういうものなんだ」と感じたり、「ああ、なんだかわかるなあ」「あっ、これは以前見たことがある」と、さまざまな〝情〟があふれてきます。

それは決してデジャブ（既視感）ではなく、それぞれの心の奥深くにあるもの、たとえば前世からの記憶だったり、遺伝子に刻まれている先祖の記憶だったりするのではないかと思うのです。

「心」に「耳」と書いて、「心耳《しんじ》」と言います。字のごとく「心の耳で聞く」ということです。

先ほどから言っている、風が何かを語りかけてくるというのは、心耳、つまり自分の心の耳で自分の記憶と語り合っている、そんな感情なのです。

それは私の中の魂の声ではないでしょうか。

風に吹かれると懐かしきものたちの声が聞こえてくる。その声に触発されて奥深く眠っている魂が揺り動かされる。それが心耳を通して伝わってくるのだと思うのです。

私たちは、人類誕生以来、祖先がつないで、つないで、つないできてくれた命を受け継いで、今を生きています。

そして、受け取った命は、肉体的な生命だけではありません。

目に見えない命、言わば平仮名の「いのち」をも受け継いでいるのです。

それは、先祖の願いだったり、祈りだったり、希望だったり、美しいと思う感性だったり、死を悼む心だったり、いろいろでしょう。

そういった幾多の先祖のさまざまな思いが私たちの魂には記憶として伝承されてい

る。そう思えてならないのです。

考えてもみてください。

東京スカイツリーを見て私たちはどう感じるでしょうか。「おおっ」と感嘆したとしても、そこに懐かしさという感情は生まれくるでしょうか。

しかし、夜空にぽっかり浮かんだ大きな月を見上げた時、私たちの心には、驚き、美しいという感情とともに、懐かしいという気持ちが湧き上がってくるのではないでしょうか。

私たち人間は、きっと祖先が見ていたであろう同じ風景を目の当たりにしたとき、懐かしさという感情が心に広がり、その刹那、自分の中の魂のささやきが聞こえてくるのだと思うのです。

毎年夏、アラスカのあの原野に立つたびに、強く確信するのです。

アラスカという地名さえ知らなかった小さな頃からずっと、いつかこんな風景を見たいと望んでいたのだ、と。


「佐藤さん、どうしてアラスカなんですか？」

それは、魂の〝仕業〟としか言いようがないのです。

運命は誰にでもある。しかし運命に対する態度で人生の有り様は大きく変わる

「人生は選択の連続である」

これは英国の劇作家・シェークスピアの有名な言葉ですが、私たちの人生は日々私たち自身の選択の連続によってつくられていきます。

朝何時に起きるか。朝食は何を食べるか。ミーティングで発言をするかしないか。夕飯をどこで誰と食べるか。休みの日に何をするか。その先の交差点を右に曲がるか左に曲がるか……。すべて自分の選択、自分の意志で決めることができます。

しかしいっぽうで、人生には自分で選ぶことができないこともあります。

私たちは誰しもこの世に生を授けられるとき、時代も、環境も、自ら選ぶことはできません。

いっとき、ネットを中心に「親ガチャ」という言葉が流行しました。これは自分個人ではどうにもならない親のもとに生まれた不運をあらわす若者用語ですが、確かにどんな家庭に生まれるのかは運と呼ぶしか言いようがないことです。

生まれながらに障害を与えられた長男由樹もその運命の下、命を授けられました。

また、生まれること以外にも、不慮の事故や大きな自然災害など、たまたま不幸な出来事と遭遇してしまうこともあります。

私たち人間は、たしかに一人ひとり異なる運命を持って生まれて来る存在です。

しかし、運命に囚われるのではなく、運命さえも乗り越えて生きることができるのもまた人間の本性でもあります。

そのために大事なことは、運命に対する態度です。

自分の運命を「偶然」と捉えるのか。

それとも「必然」だと思うのか。

その選択の違いによって人生の有り様は大きく変わってきます。

たとえどんなに過酷で〝最悪〟な運命であったとしても必然と捉えるべきだ、と考えます。

もちろん起こったことはたまたまであり、自分自身には1ミリたりとも責任がないとしてもです。

なぜなら、必然と捉えると、自ずと心に「問い」が生まれてくるからです。

「私はなぜ生まれたのだろう？」
「何をするために生まれて来たのか？」
「それは何のために起こったのか？」
「私に何を伝えようとしているのか？」
「これから何をすべきなのか？」……

運命を自分にとって起こるべくして起こった必然であると思うことができれば、人間はその意味を知りたくなるものです。そしてその運命をのみこんで、これからどう生きるべきかを自ずと考えるようになります。

それは、思考が未来にたとえ1ミリであっても進むことです。人生が過去から前へと動き出すということでもあります。

もちろん直ぐにその出来事の意味を見つけることは難しいかもしれない。3年経っても、5年経っても、10年経っても、これだという答えをつかむことはできないかもしれません。

しかし、「自分の人生とは何か？」「生きる目的はどこにあるのか？」と自問し、考えながら生きることが人間にとってとてつもなく大切なことなのです。

それに対して運命を単なる偶然と捉えてしまうと、「仕方がない！　運が悪かったのだ……」そう思った瞬間から思考はストップしてしまいます。そしてどこにぶつけたらいいのかもわからないやりきれない気持ちや、人生損したという否定的な思いをずっと抱えながら生きていくことになります。それではいつまでも過去に囚われる人生を生きることになってしまいます。

とはいえ、運命を必然と思うことがそう簡単なことではないのもまた確かです。

私にとっては、あの東日本大震災のときがまさにそうでした。

２０１１年3月11日、東北地方を中心とした東日本がマグニチュード9・0の大地震に襲われたとき、出張で関西に滞在していました。自宅と会社は生まれ故郷である仙台市にあります。家族、社員のことを考えると一刻も早く戻りたい。混乱極める情報のなかで交通路を探り続けると、新潟空港へ向かう航空機に空席を発見しました。翌朝、大阪から新潟へ、そこからレンタカーで陸路仙台を目指しました。

今から考えると、翌12日中に仙台に辿り着けたのは奇跡的なことでした。

幸いにも社員も家族もみな無事でした。しかし、社内や自宅の中は壊滅的な状態で、インフラの復旧の見通しも立たず、これからどうしたものかと暗澹たる気持ちに押し潰されそうでした。

この現実をどう受けとめるべきか……。正直考えることさえできませんでした。後にわかることですが、宮城県では1万人もの人々が亡くなり、その90パーセント以上は津波によるものでした。

そんななか、震災発生3日目にようやく電話が復旧、生涯の師である舩井幸雄先生と連絡を取ることができました。

電話が通じたとき、先生の声はいつもと違っていました。

それは初めて聞く先生の泣き声でした。

先生は開口一番、

「無事だったか」

と仰いました。

「はい、無事です……」

感極まってこたえました。

「社員も、家族もみんな無事です。しかし社内は大変なことになっています。停電はずっと続いています。社員全員の食糧確保に苦労していますが、大丈夫です。何とか乗り切ります」

と続けました。

すると船井先生は、

「君がそこにいるからな」

と言われ、さらに繰り返し、

「君がそこにいるからな、大丈夫だ」

と仰ったのです。

先生の言葉を聞いた瞬間、「必然と捉えよ」と言われたのだと解釈しました。

必然と捉え、何ができるか、何をすべきか、それを考えるんだ。君が今そこにいる理由を考えるんだぞ。

大震災という出来事の意味を、自分に矢印を向けてとことん考え、さぁ動き出せ！

先生はそう伝えてくれたのだと思いました。

電話を切った直後、一枚の半紙にその瞬間の思いを記し、社員に示しました。

〈全力で役割を果たすぞ！ 進むぞ!!〉

そして、3月17日からの業務再開を指示したのです。


私たち人間は、それぞれ自分の意志ではどうにもならない運命というものを抱えて生まれて来ます。

しかし同時に、運命をどう捉えるかと考える〝精神の自由〟を有しているのもまた人間なのです。

私たちは誰もみな人としてこの世に生まれ、人間になるべく生きる

「II部」では、しばしば「私たち人間は」という言い方をしています。

しかし本当はこう疑うこともあるのです。

「私たちは本当に人間なのだろうか？」

と。

なぜなら、私たちはこの世に生まれたからといって最初から人間であるわけではないと考えるからです。

「人」と「人間」。

普段私たちは、私たち自身をあらわすこの二つの言葉をあまり意識することなく使っています。

しかし、人と人間は本来的に意味合いが異なります。

私たち人間の正式な学名、すなわち世界共通の名称は「ホモ・サピエンス」です。ホモはラテン語の「Homo」で「人・ヒト（属）」という意味。サピエンスは同じく「sapiens」で「賢い」とか「知恵のある」という意味です。

ここで言うところの賢さや知恵とは、人間の特徴とされる言葉や文化を持つということだけではなく、社会的動物としての自覚と行動を含むものであると考えます。

つまり、私たちはたとえ外見――命としての肉体――が人間の姿かたちをしていたとしても、ただそれだけではあくまでも生物学上は人（ヒト属）であると分類されるに過ぎないのです。

私たちは、私たち自身の内面に社会性と人間性を身につけることで初めて人間と呼ばれる存在になるのだと思うのです。

「人間は自らつくったものになる」

人間についてこう定義したのは20世紀を代表する哲学者サルトルです。

サルトルはこうも言っています。

「実存が本質に先立つ」

と。

つまり、私たちはみな最初は何者でもないからっぽの存在であり、人生を生きていくなかで本質的な意味で人間となっていくのだ、ということです。

人間は「自らつくったものになる」ということは「自らつくったものになれる」ということであり、それはすなわち未来は自分でつくり出すことができるということなのだ。そう理解しました。

私は思春期の頃にサルトルのその言葉と出会ったことで大いなる勇気をもらい、以来大好きな言葉となりました。

少し話は変わります。コロナの終息が見え始めた1年半前頃から、とても残念な光景を見ることが増えました。

仕事柄出張が多いため新幹線や飛行機で移動することが日常茶飯事なのですが、その車内でテーブルに足を投げ出して座ったり、前の壁に足をかけたまま携帯ゲームに興じていたり、飲み食いしたゴミをそのまま座席のポケットに置きっ放しにしていく人を数多く見かけるようになったのです。しかもそのほとんどが〝立派な〟な大人と呼ばれる世代の人たちなのです。

ようやくコロナ禍から抜け出せたという安心感や気の緩みがそうさせたのかもしれませんが、まるでその場に自分以外の人間が存在しないかのような〝オレ様〟の振る舞いを目にすると、

「彼らは本当に人間なのか？」

という疑問が頭をよぎってしまいます。

人間を「社会的動物」と規定したのはマルクスですが、私たちは社会のなかで他者との関係性をもつことで初めて人間としての〝入口〟に立つわけです。

そのとき、単にそこにいるだけではその役割を果たしたことにはなりません。自分以外のその他大勢の人たちの存在をしっかり認識し、その他大勢のなかのひとりでもある自分自身がどう振る舞うべきか。

茶事で口にされる「一座建立《いちざこんりゅう》」という言葉があります。茶席において亭主は心を尽くしてもてなします。客人はその亭主の心を受け取り場の温かい雰囲気を率先してつくる。そんな意味です。亭主も客人も、その場を心地好くする当事者なのです。新幹線の一つの車両の中に亭主はいません。しかし、乗客一人ひとりが一座をつくっている当事者です。良き雰囲気をつくる、私もその一人なのです。

それがわかって初めて私たちは人間となるのです。

人はみな喜ばれるために生まれ、ただ喜ばれたいと願い、喜ばれるべく生きる

私たちの身の回りにあるすべての「物」は目的を持ってつくられます。

たとえばコップは水など液体を入れて飲むために、ハサミは紙などを切るために、鉛筆は文字を書いたり線を引いたりするためにというように、それぞれはっきりとした目的を持ってつくられます。

それに対して人間という「者」は、最初はこの世に何の目的を持たずに生まれてきます。ただ「おぎゃー」と泣きながらこの世に生まれて来る。

それが人間の本性です。

かつて「自分探し」という言葉が盛んに言われたことがありましたが、人生は決し

て自分探しではありません。人生とは自分という人間を自らつくりあげていく者なのです。言わば「自分づくり」なのです。

私たちは、人生を生きるなかで自分という〝作品〟を自分でつくっていく、言わば「自分づくり」なのです。

そこで大事になってくるのは「人生のモチーフ」が何かということです。

モチーフとは、画家が作品を描くときの動機や着想のことです。テーマや思想と言ってもいいでしょう。

絵を描こうと思ったときに、作者はどんな絵を描くか、何を描こうかと考える。その思いがモチーフです。

それと同じように、私たちが自分の人生をつくっていくためには、基盤となるべきモチーフが必要です。

想像してみてください。

今私たちは真っ白なキャンバスの前に真っ新な絵筆を持って立っています。その真っ白なキャンバスは私たち自身でもあります。

つまり、自分自身が自分と向き合っているということです。これは人が社会に一歩踏み出そうとしているシチュエーションと言ってもいいでしょう。

さあこれから、最初の一筆をどう描くか？

どんな毛先の絵筆に、何色の絵の具をつけて、キャンバスのどこに筆を下ろし、その筆をどの方向に動かすか――。

もちろんそれぞれ自分の人生ですから、自分が思う通りに描くことが大前提です。

しかし、私たちが人間として生きる以上、すべての人に共通するモチーフというものがあると考えます。

それは何か？

「誰かに喜ばれる自分でありたい」

ということです。

「いや、おれは誰にも喜ばれたくなんかないね」という人がいたら、よっぽどのへそ曲がりか天邪鬼ではないでしょうか。

ほんとんどの人間は、いや人間なら誰しも、喜ばれたいと思い、喜ばれたいと願い、そして喜ばれる自分を発見して喜びたいと考える。

それが私たち人間の本性なのです。

むろん人によってその思いの度合いの差はあるかもしれません。しかし、すべての人に共通する人生のモチーフは「誰かに喜ばれる自分」です。

「人はみな喜ばれるために生まれて来る」

長年持ち続けている信条です。

ときどき「いや、そんなこと言えないんじゃないか」と言われることもありますが、その思いはまったく揺るぎません。なかには、

「それなら、なぜ人を殺す人間がいるんですか？」

と聞かれることもあります。

そんなときはこう答えます。誰かに喜ばれるために生まれて来たということを教えられずに育つと、人間の心というものが育まれないからです、と。

「Ⅰ部」でも触れましたが、この世に生まれた赤ん坊は〝閉じられた世界〟に生きています。そこには「自分」と「今」しかありません。

この段階を「小人《しょうにん》」と言います。

お腹が空けば泣き、おしめが濡れたら泣き、かまってもらえなかったら泣いて自分の存在を知らせる。そんななか、小人である子どもは、日々母や父に喜ばれ、祖母や祖父を笑顔にさせるなかで愛情を感じ取るようになります。そういう過程を経て、や

がて小人から「人」に育っていくのです。

しかし、不幸にもそのような環境を持てなかった子どもは、自分が必要とされているという確かな思いを持つことができず、〝暗闇の心〟がつくられてしまいます。ですから、ネグレクトは絶対にあってはならない行為であり、親や社会の責任は限りなく重いのです。

いずれにせよ、私たちは小人から人になり、

「ああ、自分は喜ばれる存在なんだなあ」

と思い始めるところから、人間への道が開けていくことになるのです。

人から「人間」になるためには、まず自分の「役割」とは何かに気づかなければならない

ひとり息子の由樹は、重い障害を持って生まれて来ました。

幼い頃はなかなか歩くことができず、初めて歩き始めたのは6歳のとき、小学校入学直前でした。一般的な子どもに比べて数十倍、数百倍、成長は遅々としたものでしたが、それゆえに何か新しいことがひとつできたときの喜びは格別でした。

人は誰もみな喜ばれるために生まれて来るという思いは、由樹から教えてもらったことでもあります。

由樹は現在28歳になり、住みなれた自宅を離れグループホームで自活しています。

「由樹、グループホームの毎日はどうだ？」

と聞くと、

「楽しいよ！」

と、笑顔で答えてくれます。

そして、

「おれ、大人だから」

と言うのです。

私は、由樹なりに大人になるということを自覚し、自分に言い聞かせているのだなと感じ、頼もしいなと思うと同時に、なんとも言えない気持ちになります。

先日、由樹が久し振りに実家に戻っていた朝のことです。

「パパ、ご飯だよー」

という由樹の声がしたので食卓に行ってみると、テーブルに由樹が作ってくれた卵チャーハン、スクランブルエッグ、ポークソテー、それに箸とスプーンもきちんと並べられていました。なかなか見た目も豪快ですが、食べてみるととても美味しいのです。

「由樹、ありがとう！」

と言うと、

「おれ、大人！」

と胸を張ってみせるのです。

由樹にとって大人とは、誰かの喜びをつくる存在を言うのだと思います。

「おれ、大人」――そんな気概で日々を過ごすなかに、驚くほどの成長が生まれるのでしょう。

人間は誰かの役に立つことを喜びとし、役立つ自分を発見しさらに成長する。

由樹を見ているとそう思わされます。


「働く」という言葉の語源は、「傍《はた》」を「楽《らく》」にするということです。それは側にいる誰かの「役に立つ」ということでもあります。

ということは、子育てやボランティア活動など、たとえ報酬をともなわない活動であっても、「働く」ということになります。

人間の役割とは、働くということを通じて、誰かの喜びになり、誰かの助けとなり、誰かの良い記憶になることです。

別の言い方をすれば、

「誰かを幸せにすること」

それが人間の役割であり、大切な使命のひとつなのです。

その「誰か」という対象は、最初は家族や親しい人、あるいはお客様や職場の同僚や仲間です。それがやがて、

「世のため人のため」

と、自分より遠く広いところへ対象が変わっていくようになります。


日本では「うさこちゃん」という名でお馴染みの絵本、ウサギのミッフィーシリーズの作者ディック・ブルーナーは、最初はただ自分の孫を喜ばしたい、その一心で世界で一冊だけの絵本をつくりました。やがてその思いは「絵本を読んだ世界中の子どもたちが笑顔で眠りにつけるように」という願いに変わり、何度も何度も書き直しを重ねるようになっていったそうです。

そのような高みに到達したとき、それを「生きがい」や「天職」と言うのかもしれません。

そこまでいくのは簡単なことではありませんが、人を喜ばすという役割は、「個」から「公」へと目的が広がっていく性質があるのだということは、心に留めておいてほしいと思うのです。

人には誰にでも生まれながらに「良知」があり、正しいことが何かがわかっている

たとえば、あなたが列車に乗っているとします。

季節は初夏。田んぼのなかをゆっくりと進む2両編成のローカル電車。

あなたはその4人掛けの窓ぎわの席に座っている。目の前には青々とした稲の列がまるで緑の絨毯のようにどこまでも続いている。ふと、その風景のなかに中学生らしきふたりの少年が立っていることに気づく。なぜか彼らは笑顔でこちらに向かって大きく手を振っている。

そのとき、あなたはどんな反応を示すでしょうか？

とっさに手を振り返すでしょうか。

それとも戸惑いをおぼえてやり過ごしてしまうでしょうか。

あるいは意味がわからないので無視を決め込むでしょうか。

おそらく手を振り返すか、実際には手を振らなかったとしても気持ちのなかでは彼らに手を振り返しているのではないでしょうか。

私たち人間は不思議なもので、たとえ相手が家族でもなく、知り合いでもなく、まして や自分と何の関わりのないあかの他人であったとしても、その人の期待や願いという思いに対して「応《こた》えてあげたい」と思う生き物なのです。

これは動物のなかで唯一人間だけです。

毎年会いに行くアラスカのクマをよく観察していると、しばしば人間っぽい行動を取ることもあるのですが、さすがにそんなことはしません。

では、なぜ人間だけがそうするのか？

そこに意味なんかないでしょう。ただそうしたいから、そうしてあげたいからそうするだけのこと。私たちが人間だから、人間同志だからとしか考えられません。

あえて言うとすれば、私たちの〝情〟がそうさせるからではないでしょうか。

すでに述べましたが、私たちはこの世に何の目的も持たずに生まれて来ます。

しかしそのいっぽうで、どんな人にでも生まれつき備わっているものがあると考えられています。

それが「良知」です。

良知というのは、生まれながらに持っている正しい知力（知恵）のことです。「良心」や「美しい心」という言葉に置き換えることもできます。

良知があるということは、私たち人間は生まれながらにして「正義」が何か、善悪が何かということがわかっているということです。

それはつまり、誰かに教えられなくても人は善的行動を取ろうとする性質があるということです。

関連した言葉に「致良知《ちりょうち》」がありますが、これは「良知を最大限に発揮する」という意味です。

人間にはこの致良知の力があると考えています。

それに対して、

「佐藤さん、そうは言っても、善いことをするのはそれによって何か得することがあるからであって、元々性悪な人間だってたくさんいるはずだよ」

と言う人もいます。

もちろん人間の本性が性善か性悪かという論争は大昔から続いていて、一般的には未だに答えが出ていない問題であることも承知しています。ロシアのプーチン大統領によるウクライナ侵略など、昨今の残虐な戦争行為を目にすれば、人間の性悪さということを考えざるを得ない面もあります。

しかし、重度の障害を持って生まれた息子の由樹を見ていると、やはり人間というものは生来的に性善であるのだと確信するのです。

実はこの人間の良知に関連した実験レポートがあります。2017年1月に京都大学のチームが発表した、「人間は生まれつき他者を助けるような正義の行動を肯定するかどうか」についての論文です（＊）。

それはこのような実験です。

生後6ヶ月の乳幼児に、攻撃するキャラクター（水色の球体）、攻撃されるキャラクター（黄色の球体）、その攻撃的状況を止めるキャラクター（緑色の四角）、その攻撃状況を見ているのに止めずに逃げ出すキャラクター（オレンジ色の四角）の相互作用がわかるアニメーション画像を見せ、その後四つの実物キャラクターを提示し、赤ちゃんがどれを選ぶかを調べたものです。

結果は、20人の乳幼児のうち17人が四角い緑色のキャラクターを、残りの3人は四角いオレンジ色のキャラクターを選びました。水色と黄色のキャラクターを選んだ赤ちゃんはいませんでした。

このことから導かれる推論は二つあります。

一つは、人は生後早い時期から、攻撃者、犠牲者、正義の味方の関係性を理解していて、正義の味方のような行為を肯定する傾向があるということ。

そしてもう一つは、正義の行為について理解し、肯定する傾向は、学習の結果というよりも、人に生まれつき備わっている性質である可能性が高いということです。

私はこの京都大学の論文を読んだとき、なるほどなあと深く納得したことがありました。それは、どうして子どもたちはあれほどまでに「アンパンマン」が好きなのだろうかということです。

息子の由樹は、複数の障害を抱えて生まれてきました。小学校に入る直前までなかなか歩けなかったことはすでに書きましたが、その由樹がその頃に夢中だったのがアンパンマンでした。

なかなか外の世界と接点が持ち難い由樹を笑顔にさせたくてドラえもんやミッキーマウス、クマのプーさんなど、ぬいぐるみや絵本をことあるごとに枕元にそろえました。しかし、どんなキャラクターよりも由樹のいちばんのお気に入りは断然アンパンマンでした。大人からすると、茶色くて丸顔の決してかっこいいとは思えないアンパンマンに由樹がなぜあれほどまでに夢中になるのか、その当時不思議に思えたものです。

みなさんご存知のように、アンパンマンは絵本作家のやなせたかしさん（１９１９－２０１３）が生み出したキャラクターです。

今でこそ子どもたちが好きな人気キャラクターランキングの上位に毎年ランクされ、とくに0～2歳児からの断トツの人気はゆるぎませんが、実は50年ほど前に単独の絵本として初めて出版されたときの評判は決して著しいものではありませんでした。

お腹が空いた人や困っている人を見つけると、「あんぱん」でつくられた自分の顔の一部をちぎって食べさせるというアンパンマンの自己犠牲的な行為が、親や幼稚園や保育園の先生たち、つまり大人たちからすると、「気持ち悪い」「不気味」と思われたのです。事実、その後続編が一冊つくられただけで以後長い間新作は刊行されませんでした。

ところがそれから10年以上の時が経ち、大きな転機が訪れます。1988年に日本テレビ系列でテレビアニメ『それいけ！　アンパンマン』の放映が開始されるとたちまち高視聴率を記録し、子どもたちの心を鷲掴みにしたのです。

実はアニメ化に至るきっかけは、日本テレビのプロデューサーだった武井英彦さんが、ご自身の子どもを保育園に迎えに行ったときに、本棚のなかに1冊だけ手垢で真っ黒に汚れたセロテープだらけの絵本を見つけたことにありました。園の先生に聞いてみると、自分たちもなぜかはわからないけれどその本だけずっと子どもたちに人気で、何度も何度も修繕してもすぐに子どもたちにぼろぼろにされてしまうんですと言われたそうです。それこそがアンパンマンの絵本だったのです。

先に挙げた実験レポートが示したように、大人が気持ち悪いと評価した自己犠牲的なアンパンマンのお話が、幼い子どもたちにとっては正に正義のヒーローそのものだと〝良知〟が反応したのではないかと思います。きっと由樹も同じだったのでしょう。

良知というものは心のなかにある「魂」であるという言い方をしています。

そしてこれはあくまでも持論ですが、まずその魂があり、人間が「おぎゃー」と泣きながら生まれた瞬間から魂（＝良知）の外側に「心」というものが徐々につくられていくのだと考えています。

心はそれぞれの環境、教育、経験によって一人ひとり違います。心は十人十色ですが、その心の中心にある魂（＝良知）はみな同じようにあるわけです。

私たち人間はその魂、良知というものを常に発揮させることが理想ですが、現実的にはそう簡単にはいきません。

なぜならそれぞれの心というものが、ときに〝邪魔〟をしたり、ブレーキになることもあるからです。

一人ひとり違う心。その心と魂を直結させるものが「情」です。情、情緒は心の壁を揺り動かし、魂＝良知を発揮させると考えています。

また同じ列車のたとえで恐縮ですが、仕事が終わって電車に乗って帰宅するとしましょう。

ラッキーなことに座ることができた。降車駅まで30分以上、これで少し眠ることができるぞと目を閉じかけようとしたとき、大きな荷物を抱えたお年寄りの女性がいることに気づいてしまった。

そのとき、「あっ」と情が動き、同時に立ち上がることができれば、それはあなたの魂(=良知)が即感知して席を譲るという行動を促したということです。

ところが、「あっ」と感じても瞬間的に行動に移すことができなければ、その後人はなかなか善いとわかっている行動を取りづらくなります。なぜなら、その躊躇したほんの数秒の間に、以前同じようなときに席を譲ろうとしてかえって嫌な気持ちになった感情や、最近仕事で疲れ気味の自分を不憫だと思う気持ちなど過去の経験が心のなかにあらわれてきたりするからです。すると頭のなかで自分にとっての〝損得計算〟が始まってしまうのです。

もっとも、今のようにスマホばかり見つめている風潮では、自分の目の前に席を必要としている人がいるということさえ気づかないことの方が多いのかも知れませんが……。

私たち人間の心は、多くの人と関わり、さまざまな経験をするなかで少しずつ大きくなっていきます。それは考え方や感情が広く豊かになる素晴らしいことです。

しかしその反面、生まれつき持っている魂（＝良知）が心の奥深くに隠れてしまい、いざ必要なときに良知が発動しにくくなることもあるのです。

そうならないために私たちができることは、自分の心のなかにもアンパンマンと同じ良知があるのだと信じ、いつでも良知を発揮したいと日々願い続けながら生きることではないでしょうか。

（＊）https://www.nature.com/articles/s41562-016-0037
・タイトル：Preverbal infants affirm third-party interventions that protect victims from aggressors
・著者：Yasuhiro Kanakogi, Yasuyuki Inoue, Goh Matsuda, David Butler, Kazuo Hiraki,and Masako Myowa-Yamakoshi
・掲載誌：Nature Human Behaviour

コラム・社長から社員へ③

「新幹線記念碑」が物語ること

新幹線に乗るときは、大人になった今でもワクワクするものです。社員のみんなは、それは私が“鉄ちゃん”だからと思っているかもしれないが、私のように子どもの頃に“夢の超特急”開業のニュースをテレビにかじりつくように観た世代にはけっこういるはずです。1964年10月1日、それをニュースはこう伝えました。

「3800億円の巨費と5年の歳月をかけた東海道新幹線は、オリンピックを目指して走り出しました」

「5年!?」と聞いて心底驚きましたが、後にそうではないということを知りました。

工事着工2年前の1957年、当時の運輸省に「日本国有鉄道幹線調査会」が設置され、新幹線計画が具体的に動き出しました。しかし、それから遡ること18年の1939年、「幹線調査会で」で「弾丸列車構想」が打ち上げられていたのです。その構想の初期段階では大陸（北京）から東京までを二泊三日で結ぼうという正に夢のような計画で、その2年後には「新幹線」という名前が使われ、ゆくゆくは200キロの高速運転を実現させて東京～大阪間を3時間半で結ぶことも盛り込まれていました。そして1940年には正式に予算が下りて、10年後の完成に向けてまず最難関工事の日本坂トンネルを完成させた1944年、戦況の悪化を理由に計画は中止となってしまったのです。

東京駅東海道新幹線中央改札からホームに向かう途中の壁に記念プレートがひそかにあります。そこには「東海道新幹線 この鉄道は 日本国民の叡智と努力によって 完成された」と刻まれています。偉い人の名前などどこにもなく、ただ「日本国民」とあるのは、日本人が初めて鉄道というものを知った100年以上前から、日本人みんなが夢見たひとつの“理想”、それが新幹線だったからだと思うのです。

跋文 *Epilogue*

恩送りという生き方

祖母から教わった「恩送り」

２０２４年1月2日のＪＡＬ機衝突炎上事故の数日後、ある搭乗者の体験談に思わず涙がこぼれました。

避難誘導に従って脱出する際、老夫婦にこう言われたというのです。

「若い人が先に行きなさい」

一つの常識として、弱者である老人を手助けし、先に脱出させたい。そう思うはずです。

しかしその老夫婦は、自分たちよりも若者を先に逃がそうとした。

緊急非常時です。理屈ではなく本性が言わせた言葉でしょう。

自分たちは、あなた方より随分と長く生きた。あなた方の人生はこれからだ！　さぁ行きなさい……。

そんな思いだったのかもしれません。

恩送りという言葉を教えてくれたのは、祖母でした。

18歳のとき、

「親から受けた恩は子に返せと言われてきたのだよ」

と、話してくれたのです。

受けた恩を親に返すのは恩返し。もちろん大切な徳です。

しかしもう半世紀も昔に、祖母は、恩は未来に送ってあげなさい、と教えてくれたのです。

未来に——。

人間にとって未来とは希望そのものです。

私たち日本人は農耕民族です。明治時代初期、国民の70％以上が農耕に従事していました。農耕に従事する人間には一つの哲学が不可欠です。

「明日のために今日がある」

という哲学です。

今日植えた苗がその日のうちに米になるはずもありません。水を欠かさず、病虫害や風水害から田を守り、手塩にかけて収穫の時を待つのです。

明日のための今日。

未来のための今。

天変地異大国での農耕には、大変な気づかいが必要だったでしょう。日本の古代米の遺伝子を調べると、中国南東部、ベトナム、インドネシア方面から直接渡来したとの仮説があります。

温暖で一年中気象があまり変化しない国々では、二期作や三期作も可能かもしれません。

しかし、日本のほとんどの地域では一期作、一回限りです。緊張感をもって天を眺め、風の行方を知り、古老の経験に頼って田を守ったことでしょう。古代から変わることなく中国大陸から流れ出る偏西風によって、日本列島は台風の通り道となります。急峻な日本の地形は、水害や土石流を容易に引き起こしもします。

農耕も天候の予見も、経験知がものを言います。日本は本来敬老の国なのです。

また、小さな変化、自然の微妙な移ろいにも気づく感性を持っていますが、それはこの国土と農という業《なりわい》が大きく影響しています。

見事な実りに喜び、数日内の収穫に胸躍らせていても、たった一日、たった一晩で、全滅することも度々あったはずです。逆に日照りと水不足で収穫は危ぶまれていても、天気はいつ、どう変わるか、わからないものです。

「これからの未来が、これまでの過去を決めるのだ」

そんな思いが、勤勉にやるべきことに勤しんでこの「今」を過ごす性格が創られたとも思います。

未来のために今日を生きる

「明日のために今日がある」

「明日は希望そのものであり、この今はそのために存在している」

このような考え方こそ、正に日本人の大元を成す〝未来思考〟であり、恩送り精神そのものです。

明日をただ願うのではありません。

今日の、今の全力を未来へと届ける――その思いで今日を励むのです。

薩摩藩（現在の鹿児島県）には『日新公いろは歌』という、島津家の家訓を幼児に教える教科書がありました。「日新」とは、薩摩藩の当主で島津家中興の祖と言われる第十四代島津忠良を指し、彼が作ったいろは歌を薩摩藩の武士の子に教えたのです。

そのなかの「は」の段の一つの歌には、その真髄が籠められていると感じます。


はかなくも明日の命を頼むかな　今日も今日もと学びをばせで

「日々の学びに精を出しなさい。どうなるかわからない明日を当てにしてはいけないよ」との意です。

今、ここ。〈Now and Here〉に精魂を籠めて生きること。それを抜きに良い明日など来ないぞ、とも取れます。

心に描く夢はある、理想もある。しかし「現実」＝「今を変えること」がその一歩になるのだ。

コンサルティングの現場でこんな言葉を頻度多く届けます。

「理想はあるか、現実は変えたか」

今をより良くするのです。それを未来へ届ける。恩送りの本質です。

祖先から恩送りされた「学」と「躾」

天変地異大国日本――。

何度か繰り返しましたが、それほどこの特性は、私たちの〝心情〟に影響を与えてきたのです。無常観を日本人の感性の核心であると語る人々は、古今枚挙にいとまがありません。

どんな豪壮な邸宅も、見事な庭園も、大地震に見舞われたらひとたまりもありません。美田も、美林も、お山が噴火すれば消し飛んでしまいます。収穫前の稔った稲群も、台風や水害で失われてしまいます。

いったい真の「財」とは何か？

祖先は何度もそんな厄災に襲われ失望のなかで考えたと思います。天災が来ても決して失われないもの……それが、

「学《まなび》」と「躾《しつけ》」

そう考えるようになりました。

つまり、身についたものこそが真の財だと考えたのです。

どんな天災も身についた学と躾を奪うことはできません。そして学と躾は間違いなくどんな世でもその人間の「信」を高めてくれるはずです。

江戸時代、日本には1万5000校もの寺子屋があったと言われています。現在全国にある小学校の数は約2万校です。しかし徳川末期の人口は3000万人、現在の人口は1億2000万人です。とすると、寺子屋は3倍の密度で存在していたことになります。

徳川末期、江戸の識字率は70％超。世界的都市ロンドンは20％、パリは10％前後と言われていますから、寺子屋の効用は大きかったと思います。

フランス人のポール・クローデルは劇作家、詩人であり、駐日フランス大使

（1921－1927）を務めた当代一流の知識人でした。

第二次世界大戦末期の1943年11月、クローデルはある夜会でこう語ったとされています。

「私が決して滅びて欲しくないと希《ねが》う一つの民族がある。それは日本民族だ。あれほど興味深い太古からの文明は消滅してはならない（中略）。日本人は貧しい、しかし高貴だ」

高貴。

仏語で「nobles」。

私は「命と同じくらい大切な何かを知っている」という意味で解釈します。もちろん命は掛けがえのない大切なものです。それは誰もが肯くことです。

1920年代、駐日フランス大使であったクローデルから見て、当時の日本は本当に貧しかったのでしょう。

江戸徳川時代はさらに貧しかった。そのなかで庶民も我が子を寺子屋に入れたのです。明治になって5年後には学制が発布されます。学校制度が定められたのです。身分貧富、男女の差なく全国民が等しく初等教育を受けられるようになります。

学と躾が、一人の人間の未来を必ず創る。その個の集合体が強い国の礎になる。それは命と同じくらい大切なもの。

私たちの国においては、貧しくともなお未来を切り拓く力を持たせることに重きがおかれたと言えるでしょう。

寺子屋では智よりも礼が優先されました。先述した薩摩藩の武家の子どもたちの教育は、郷中教育と呼ばれていますが、そのなかで徹底されたのは次の三つでした。

「負けるな、嘘をつくな、弱い者をいじめるな」

負けるなとは、自分に負けるな。嘘をつくなとは、言ったこと、誓ったことは守れということだと解釈しています。教育とは態度、つまり学ぶ姿勢を身につけさせることから始まります。弱い者をいじめるのは卑怯な態度です。

自分を欺き、卑怯な態度をとり、卑屈な自分を作るな。どんな時も堂々と正しき道を歩む人間であれ。

そんな教えのなかにクローデルが語る高貴な日本人像が生まれたのだと思います。

「序文」にも書きましたが、未来に希望など持てない……、日本は衰退していくのだと考えるところに高貴さなど生まれないと強く感じます。

それは単なる傍観者の態度だからです。卑屈なそして未来の私たちの子孫、私たちの国を受け継ぐ若者たちの輝きから目を外す、つまらない大人になるだけです。

私たちは、世界が羨む、そして〝虎視眈々〟と我がものにと狙われるほど素晴らしい「今」を受け取ったのです。

その今を、より素晴らしいものに育み、微笑みをもって手渡す気概を持とうではありませんか。


人材の次のステージ、それは人財。

人財とは、どんな時も、この今をより良くして次に来る人に手渡そうとする人間です。そして次に来る人、その〝時の長さ〟を常に伸ばそうとする人間です。

今日より明日、明日より来月、来月から来年、5年後、10年後、100年後……へと。

それを〝未来への距離〟と言っています。

100年後？　生きてなんかいないよ！――

しかし、と思うのです。

１００年後のある日、心地好い春風に吹かれて満開の桜を観ているカップルがいる。

その〝恋人どうし〟は、１００年前、その桜の木を植えたあなたのことに思いを馳せてくれるでしょうか？

必ず！　その桜の木の１００年後のその日を思い描いていたあなたを、そのふたりは語り合う。そしてこう微笑むのです。

私たちもそう在りたい、恩送りできる人生を歩もうよ、と。

あとがき

人間とは〝記憶〟である。

日々多くのビジネスリーダーと会い、未来ビジョンを語る仕事を長年していますが、初対面の方の自己紹介を聞きながらいつも思うのです。誰もが、自らの過去、何をしてきたのか、その記憶を時系列で語るのだと。

つまり、自分自身の記憶の連続こそが「私」なのです。

生きるとは確かに、自らの記憶を積み重ね、自らを日々アップデートしていくことに他なりません。

記憶は誰かとの関わりによって生まれてきます。もちろん一人座して、何かに気づく瞬間もあります。そんな記憶は時に強烈な力を持つのですが、その記憶も必ず誰かとの関わりがあるのです。

自分自身との対話があるはずです。自分と〝自身〟との対話、心の中で語りかける誰かとの対話です。その誰かは親しい誰かかもしれませんし、師やすでに亡くなった愛しい誰かかもしれません。時には、いつも心の中に息づいている風景のこともあるでしょう。私のアラスカの原野のように。

より良き心の中の誰かを創る。

そこに未来を切り拓くエネルギーの源があるのです。

心でつぶやくことが、日々何回かあると思います。ふとした時の自分への問いかけです。多くは、「これでよいのか?」、「何とかならないか?」そんな自問でしょう。自問を発すると答えが閃《ひらめ》く。自問自答の繰り返しのなかで、人生を生きていると言っても過言ではありません。

「こんなことでよいのかな?」その自問に心の中の誰かが即答します。「ダメだ!」、「違うんじゃないか」と。

人間の心は時に曲がるものです。誰もが善悪の善を好み、そうしようとする良知を持っています。しかしその良知は損得の網にとらわれると、とたんに輝きを失うのです。

とくに合理的判断といわれる判断基準は相当クセものです。「最少の努力で最大の効果を!」それが合理的ということです。

わからないことがあれば、スマホに訊ねる。彼は即答してくれるでしょう。たちまち疑問は解消します。見なれない花があれば、ＡＩが教えてくれます。聞きなれない美しい声を聞かせてくれている小鳥の名も瞬時に。

それはとても便利なことで、合理的です。ある意味合理の極点を私たちは生きているのです。しかし、真の人間にとっての合理かと問われれば、どうなのかと思います。合理の距離。

よく問いかける言葉です。

確かにその時、その時は合理的に見えても、「未来、10年先20年先から今を観ても合理なのか？」ということです。

学びとは態度である。

心の中で大切にしている言葉です。

わからないことがある、名の知らぬ美しい花がある時、しげしげとその花を眺める。過去に見た花を思い出し、何かに似てはいないかと考える。家に戻り、花の名が載っている辞典を手に取り、頁《ページ》をめくりながら似ている花を探し、ようやくその花にたどり着く。「そうか！　一輪草というのか」。そして心に刻む。その一連の行動は、確かにこの時代、非合理の極みに感じられます。しかし、何だろうと悩む、考える、知る。疑い、悩み、知る。その一連の態度は学びの楽しみそのものです。

最近は、人生の悩みも生成ＡＩに訊ねる人が増えていると聞きます。自問自答の機会すら失われていくのだとすれば、私たちの記憶も、気づきも、希薄なものになっていきます。

「人間とは？」――さまざまな自問が渦まいているこの今を私たちは生きています。

人間の成長の第一は、自問の質を高め、自答する心の中の誰かの質を高めることが大切です。

「こんなにぼんやりしてていいのかな？」「ダメだろう！」と言ってくれる誰かか、「まぁいいんじゃない！　楽しければさ」そう答えてくれる誰かか。時と場合によりますが、自問を発するということは、何かを疑っている時です。つまりだめなのではないかと…。ですから、善悪損得の善へと導こうとする誰かこそ大切なはずです。

日本人は、お天道様＝「生きとし生けるものを生み出してくれた太陽」や、ご先祖様、そして故郷の風景に問いかけ、「負けるもんか！」と生きてきた民族です。それは、悠久の歴史が育んできた私たちの血のエネルギーでもあります。記憶とは、自らの体験として刻まれたものと、遺伝子に刻まれたのであろう記憶とがあります。後者を血の記憶と表現しています。

日本人は、いちばんの恩送りを、学と躾を身につくものとして子に、子孫に、遺そうとしました。たとえ、今は鼻たれの出来の悪い子であっても、きっと未来は変わるに違いない——。

人間は変わる生きるもの。いや、変わるからこそ人間なのだ。生きるとは変わり続けることだと、子を信じた故でしょう。

安定定住社会で、多くの人々に受け入れられる人間でなければ、家をつないでいくこともできません。誰かの迷惑にならないようにと躾をしたのも、人間関係のつながりのなかに未来があると、考えたからだと思うのです。

それは、私たち一人ひとりが記憶でできているのと同じように、

「あなたも誰かの良い記憶になるのだよ。それが生きるということなのだから」

そう語りかけ願った故です。

日本という社会資本の厚みが、これまでの愛され豊かな日本をつくり出してきました。どの国にも真似のできない長い歴史のなかで。

多くの国で、貧しければ子供は労働力そのものです。もちろん日本も昔、同じでした。しかし、寺子屋に通わせ、学制が整えば、学校に通わせることを拒否しませんでした。

学べば変わる。より良き未来を生きていけると、「信じた」からです。

私たちが知らずに受け取っているこの「今」があります。

祖先、これまで生きた幾多の人々は、未来を、つまりこの今を生きる私たちを、信じたのです。

「さぁ、もっと幸せな未来を、より良き人生を生きるんだぞ。君たちの子どもたちに、輝く未来を手渡すために。その希《ねが》いへの確信を人生最後の一瞬にもてるようにね」


恩送り。

40年以上発信してきたこの言葉を一冊にまとめる。

それは大きな願いを未来へと手渡すことでもあります。

本書をまとめるにあたり、藤代勇人さんに大変なご苦労をおかけしました。心から謝意を表します。そして、様々な難題に応えてくれた我が会社S・Yワークス内藤洋子さんに、心から感謝しています。ありがとうございます。S・Yワークスの皆にも！

一人暮らしにチャレンジし、心にたくさんの種を蒔いてくれている息子由樹にも、ありがとう！

そして彼を、心を籠めて支援してくれている方々、何より妻にも心からの感謝を。

心はいつも五月晴れ。そんなモットーを共に語ってくれるような青空が新幹線の車窓に広がっています。

未来へ、未来へと。

令和6年5月

佐藤芳直

佐藤芳直（さとう・よしなお）

1958年（昭和33年）仙台市生まれ。株式会社Ｓ・Ｙワークス代表。1981年早稲田大学商学部卒業後、株式会社日本マーケティングセンター（現 株式会社船井総合研究所）に入社。29歳で部長に就任。1994年当時の上場企業中最年少で役員に昇格。同社２人目の上席コンサルタントとなり、船井幸雄氏の秘蔵っ子として将来後継者としても有望視される。2006年3月同社常務取締役を退任。同年4月、「経営の目的は永続にある」との哲学のもと、経営と人生その両方の視点から発信を行う場として株式会社Ｓ・Ｙワークスを創業。「仕事のなかにこそ人生がある」という考え方は経営者のみならず、様々な業種・職種に従事する人々、親、若者世代など、幅広い層の人たちから支持・共感を得ている。2025年に25周年を迎える「人財化セミナー」は毎年3月に全国６会場で開催され、これまで延べ３万人以上の多種多様な働く人たちに“人生と仕事の目的”についてお伝えし、多くのファンを生み出し続けている。43年間で関わった企業は4500社に上る。

また、熊の研究をライフワークとし、35年間毎年アラスカを訪ね続けている。

著書に『日本はこうして世界から信頼される国となった』『役割——なぜ、人は働くのか』（共にプレジデント社）、『なぜ世界は日本化するのか』『日本近現代史に学ぶ日本型リーダーの成功と失敗』（共に育鵬社）、『はぐれ熊ロンリー』（たま出版、日本図書協会選定図書）など多数。

●Ｓ・Ｙワークス ホームページ　https://syw.jp/

恩送《おんく》り
私たちの使命

2024年6月18日　第1刷発行

著者　佐藤芳直

発行所　径書房
〒150-0043
東京都渋谷区道玄坂1-10-8-2F-C
http://site.komichi.co.jp
電話 03-6666-2971
FAX 03-6666-2972

協力　内藤洋子（S・Yワークス）
装丁・DTP　仲光寛城（ナカミツデザイン）
構成・編集　藤代勇人（紙ヒコーキ舎）

印刷・製本　中央精版印刷株式会社

ISBN: 978-4-7705-0240-7
Printed in Japan
落丁・乱丁本はお取り替えいたします。